Bernhard Gerstenkorn

MEDEA

Die verlorene Tochter – vom Mythos zu Logos

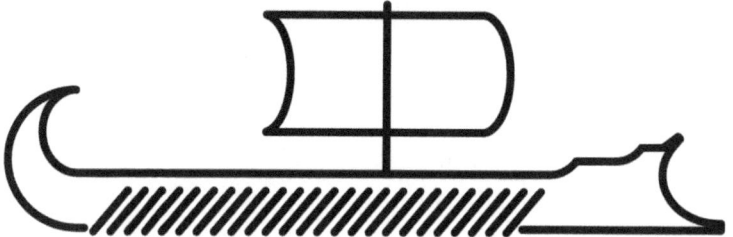

© 2019 Bernhard Gerstenkorn

Autor: Bernhard Gerstenkorn
Umschlag, Illustration: Bernhard Gerstenkorn

Verlag & Druck: tradition GmbH, Halenreie 40-44,
22359 Hamburg

Bibliografische Information der Deutschen Nationalbibliothek:
Die Deutsche Nationalbibliothek verzeichnet diese Publikation in
der Deutschen Nationalbibliografie; detaillierte bibliografische
Daten sind im Internet über http://dnb.d-nb.de abrufbar.

ISBN Paperback: 978-3-7482-8928-9
ISBN Hardcover: 978-3-7482-8929-6
ISBN E-Book: 978-3-7482-8930-2

www.tredition.de

Inhaltsverzeichnis

Vorwort

Im Radio wurde ausführlich über Neuinszenierungen von Medea-Opern berichtet. Medea? Kam mir irgendwie bekannt vor. Ich holte mir eine Zeitschrift mit Themen aus der griechischen Antike hervor und las einen Artikel über Platons Schulung zu Unabhängigkeit und Demokratie. Euripides soll in seiner Tragödie *Medea* mit einem „Sohn des Erechtheus" angeblich Platon gemeint haben. Erechtheus ist ein mythischer Unabhängigkeitskämpfer und auf der Akropolis in Athen ist ihm zu Ehren mit dem Erechtheion ein eigener Tempel gewidmet. Ich wollte es genauer wissen, beschaffte mir Euripides Medea und las die Tragödie. Das Bühnenstück kam mir ziemlich primitiv vor. Deshalb hatte es mich nicht weiter erstaunt, dass Euripides im Tragödien-Wettstreit im Jahre 431 v. Chr. den letzten Rang belegte. Das Stück mag viele Anspielungen auf das Zeitgeschehen enthalten haben, aber selbst dies hatte das Premierenpublikum offenbar nicht zu überzeugen vermocht. Man könnte sogar eine leichte Xenophobie heraushören, da Medea als Ausländerin, als Fremde und Barbarin dargestellt ist. Doch Medea ließ mich nicht mehr los. Der hervorragende Wikipedia-Eintrag gab mir eine Gesamtschau auf Medea. Eines Tages kam mir der Gedanke, dass es sich bei Medea um eine frühere Variante der Geschichte des verlorenen Sohnes handelt, dass sie eine Metapher für unsere kollektive Geschichte ist. Ab diesem Zeitpunkt hatte ich die Idee mit mir herumgetragen, etwas darüber zu schreiben, um die Zusammenhänge zu ergründen.

Zwischenzeitlich habe ich verschiedene Biografien und populäre Bücher gelesen, die sich in irgendeiner Form mit Geschichte befassen. Dabei ist mir aufgefallen, dass wenn die Autoren ihr Fachgebiet verlassen, um von ihm auf das große

Ganze zu schließen, es sehr spekulativ wird und die Objektivität durch das vom jeweiligen Autor vertretene Denksystem begrenzt ist. Vielen Wissenschaftlern ist gemeinsam, dass ihre Sichtweise durch ein evolutionär begründetes Menschheitsbild geprägt ist. Empirisch bestens belegte Befunde aus der Psychologie, die ein viel differenzierteres Menschheitsbild nahelegen würden, bleiben dabei auf der Strecke oder werden falsch wiedergegeben. Auf einem evolutionären Menschheitsbild abgestützte Publikationen zeugen deshalb vereinzelt von mehr oder weniger großer Naivität, weil das konflikthafte, destruktive Potential der menschlichen Psyche übergangen wird, geschweige denn die Ursache dahinter beleuchtet wird.

Laut Yuval Noah Harari wird das Phänomen der kognitiven Dissonanz zwar oft als psychische Störung verstanden, doch in Wirklichkeit handle es sich um eine lebenswichtige Angelegenheit, da sie die Würze jeder Kultur ausmache.[1] Rein formal ist kognitive Dissonanz keine psychische Störung, sondern eine empirisch breit abgestützte Theorie aus der Sozialpsychologie. In Hararis Argumentationen schimmert zeitweilig eine starke Affinität zu östlichen Philosophien durch, wie beispielsweise dem Buddhismus. Auf die Frage, ob er sich selbst als Buddhist sieht, antwortet er: „Nein, sicherlich nicht offiziell. Die Praxis der Meditation ist eine buddhistische Tradition. Aber über die Jahre wurde aus Buddhismus eine Religion mit eigener Mythologie, Geschichten und Problemen. Ich akzeptiere das Gesamtpaket nicht, sondern nehme mir das heraus, was ich brauche."[2] Eine zentrale buddhistische Praxis liegt im Versuch, das Urteilen aufzugeben. Im Urteilen scheint neben den Begierden die Ursache von allem Leiden zu liegen, das mittels ausdauernder Meditation aufgelöst werden soll. Das Urteilen ist auch die Ursache hinter der kognitiven Dissonanz.

---

[1] Harari, Geschichte, 174 (siehe Literatur: Autor, Werk, Seite/Vers/Absatz)
[2] Neue Zürcher Zeitung, NZZ am Sonntag, 29.9.2018

Sie hat sich als zentrale Theorie im Entschlüsseln des Medea-Mythos erwiesen und zeigt auf, wie unser individuelles wie kollektives Verhängnis beschaffen ist. Inhaltlich hatte Harari also unbeabsichtigt recht, kognitive Dissonanz mit einer psychischen Störung in Beziehung zu setzen, zur Würze jeder Kultur mag sie jedoch nur beitragen, wenn die dahinterliegende Ursache verschleiert bleibt. Ein grundlegendes Verständnis der mit kognitiver Dissonanz einhergehenden psychischen Prozesse und ein damit im Einklang befindendes metaphysisches Modell wird uns zeigen, wie wir mit einer einfachen und wirkungsvollen geistigen Praxis kognitive Dissonanz auflösen können.

Bislang war es mir jeweils möglich, alle wissenschaftlichen Befunde mit dem hergeleiteten Modell in Übereinstimmung zu bringen. Wenn das nicht erfolgreich war, dann deshalb, weil wir über die Medien, die Presse und wissenschaftlichen Publikationen oft nicht die eigentlichen Messdaten präsentiert bekommen haben, sondern nur eine Interpretation der Messresultate. Forscher verfolgen in ihren Untersuchungen ein bestimmtes Ziel und dementsprechend werden Daten oft in einer Weise präsentiert und gedeutet, dass sie das gewünschte Resultat aufzeigen. Dazu trägt sicherlich auch bei, dass in der Forschung großer Erfolgsdruck herrscht und möglichst spektakuläre Resultate angestrebt werden, oder der finanzielle Anreiz der Forschung Ergebnisse in eine bestimmte Richtung begünstigen. Mein Blick auf diese Dinge wurde während des Psychologie-Studiums an der Universität Zürich im Nebenfach Sozial- und Präventivmedizin geschärft. Ein weiterer zu berücksichtigender Aspekt liegt darin, dass Wissenschaftler auch nur Menschen sind und dazu tendieren, an liebgewonnenen Theorien lange festzuhalten, auch wenn neue Befunde dagegen sprechen. Anstatt sich an die Bildung neuer Modelle zu machen, werden die bestehenden mit teilweise spekulativen Elementen erweitert. Als Beispiel sei die dunkle Materie erwähnt, welche die Kosmologie benötigt, um die bestehenden Modelle mit den Beobachtungen in Übereinstimmung zu bringen. Aus den eigenen Reihen werden immer mehr Stimmen laut, die es für durchaus möglich halten, dass sich die theoretische Physik in eine Sackgasse verrannt hat. Gegenwärtig läuft die Suche nach dunkler Materie resp. dunkler Energie mit dem Teilchenbeschleuniger LHC am Forschungszentrum CERN in Genf.

All dies zusammengenommen hat mich bewogen, im Rahmen der Entschlüsselung des Medea-Mythos unsere gesamte kollektive Geschichte auszubreiten. Vielfach greife ich auf Überlieferungen aus der griechischen Antike zurück. Diese Quellen sind mit mehr oder weniger Unsicherheit behaftet. Was die Datierung betrifft, fördert die laufende Forschung gelegentlich neue Anhaltspunkte zutage. Es ist gut möglich, dass wir ein verzerrtes Bild der Antike haben, weil viel Material verloren ging und unsere Vorstellungen durch diejenigen Artefakte geprägt sind, die den Weg in unsere Zeit gefunden haben. Deutlich zeigt sich dies beispielsweise am Stand der technischen Entwicklung, welche durch die Erforschung des Mechanismus von Antikythera in einem neuen Licht erscheint. Auf der anderen Seite ist davon Abstand zu nehmen, die guten alten Zeiten zu idealisieren, denn objektiv betrachtet leben wir heute zumindest im westlichen Kulturraum in der besten aller Welten. Die metaphysische Deutung der Medea mag uns vor Augen führen, dass sich die Geschichte mehrmals wiederholt hat, dass wir jetzt aber erstmals vor der Möglichkeit stehen, aus der Wiederholung auszubrechen und in eine neue Epoche einzutreten.

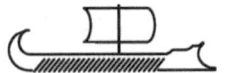

1. Der Mythos

Die Erzählungen aus der griechischen Mythologie haben in unserer Alltagssprache vielfältige Spuren hinterlassen und die homerischen Epen *Ilias* und *Odyssee* aus dem Sagenkreis des Trojanischen Krieges zählen zur ältesten vollständig erhaltenen abendländischen Literatur. Deshalb eignet sich dieser Sagenkreis besonders gut als Einstieg in die mythische Welt der alten Griechen, um anschließend über das weniger bekannte Argonautenepos die Verbindung zum Medea-Mythos herzustellen.

Der Sagenkreis um den Trojanischen Krieg umfasst weit mehr als die homerischen Epen. Allerdings liegen keine vollständigen Überlieferungen vor. Eine ungefähre Rekonstruktion ist anhand verschiedener Quellen möglich. So treffen wir leicht voneinander abweichende Erzählungen an, die im Endeffekt jedoch auf dasselbe Geschehen hinauslaufen. Im Vorgesang zur Ilias ist die göttliche Erwägung dargelegt, die zum antiken Nationalmythos der Griechen geführt hat.

Es gab eine Zeit, da die zahllosen übers Land schweifenden Völker die weite und breite Brust der Erde zu erdrücken drohten; Zeus sah dies und hatte Mitleid; in seinem weisen Rat beschloss er, die alles ernährende Erde vom Gewicht der Menschheit zu erlösen, indem er die großen Schlachten des Trojanischen Krieges entfachte, um ihre schwere Last durch den Tod erleichtern zu lassen: so wurden die Krieger vor Troja getötet, so erfüllte Zeus' Wille sich.[1]

Und so nahmen die Dinge ihren unabwendbaren Lauf.

---

[1] Homer, Ilias, KYPRIA; die Ilios und das Ilion bezeichnen ebenfalls Troja

Von der olympischen Hochzeitsfeier zur Odyssee

Zur von Zeus erzwungenen Hochzeit der Meeresgöttin Thetis mit dem sterblichen Peleus, den späteren Eltern des Achilles, waren alle Götter eingeladen, außer Eris, der Göttin der Zwietracht. Von der Tür aus warf die beleidigte Eris einen goldenen Apfel mit der Aufschrift „für die Schönste" zwischen die feiernden Götter des Olymps. Daraufhin brach unter Hera, Zeus Schwester und Gemahlin, seiner Tochter Athene und seiner Schwiegertochter Aphrodite ein Streit aus, wem denn nun dieser goldene Apfel gebührte. Diese mythologische Episode ist der Ursprung des Begriffs *Zankapfel*, alternativ auch als Apfel der Zwietracht oder Erisapfel bezeichnet.

Zeus als höchster Olympier wurde um die Schlichtung des Streits angegangen. Er zog sich aus der Affäre, indem er das Urteil in die Hand eines Sterblichen legte. Der unschuldige und schöne Jüngling Paris, ein verstoßener Sohn des trojanischen Königs Priamos, wurde von Zeus zum Schiedsrichter bestimmt. Der Götterbote Hermes brachte die Göttinnen zum Königssohn. Sie umgarnten ihn und versprachen ihm eine Belohnung. Hera versprach ihm die Herrschaft über die Welt, Athene Weisheit und Aphrodite die Liebe der schönsten Frau der Welt. So konnte Aphrodite das Urteil für sich entscheiden.

Helena, die Schönste unter den Sterblichen, war jedoch bereits mit Menelaos verheiratet. Er war König von Sparta und der Bruder von Agamemnon, König von Mykene. Aphrodite sorgte dafür, dass sie sich bei der ersten Begegnung mit Paris in ihn verliebte. Das göttliche Versprechen mündete im Raub der Helena durch Paris und war Auslöser des Trojanischen Krieges. Nachdem alle Vermittlungsversuche zur Rückgabe Helenas gescheitert waren, segelten die Griechen in einer vereinigten Seestreitkraft mit nahezu zwölfhundert Schiffen unter dem Oberbefehl von Agamemnon gegen Troja. Die Stadt Tro-

ja mit ihren mächtigen Befestigungsanlagen war uneinnehm-
bar, und der Krieg zog sich über zehn Jahre hinweg. Die Ilias
beschreibt 51 Tage gegen Ende des Krieges und legt im ersten
Gesang das Thema vor.

Von der Bitternis sing, Göttin – von Achilleús, dem
Sohn des Peleús, seinem verfluchten Groll, der den
Griechen unsägliches Leid brachte und die Seelen zahl-
loser Krieger hinab in das Haus des Hades sandte, die
blutvollen Leben dann nur noch Fleisch, an dem die
Hunde fraßen, den Vögeln ein Festmahl – und wie
Zeus' Wille sich dadurch erfüllte...

Sing, Muse, und beginn mit dem Moment, wo der
göttliche Achilleús sich in einem Streit mit seinem
Kriegsherrn Agamemnon entzweite.[2]

Das zentrale Motiv der Ilias ist der Zorn des Achilles. Agamemnon nahm Achilles sein Beutemädchen Briseis weg, worauf dieser in seinem Stolz verletzt die weitere Teilnahme an
den Kampfhandlungen mit den Myrmidonen aus Thessalien,
deren Anführer er war, verweigerte. Zudem bat er durch seine
Mutter Thetis erfolgreich, Zeus zu bewegen, die Trojaner fortan siegen zu lassen, bis ihm Genugtuung widerfahren sei. Wie
schon bei der verhängnisvollen Hochzeitsfeier setzte ein gekränktes Ego einen unheilvollen Verlauf in Gang. Die Griechen erlitten massive Verluste und wurden von den Trojanern
bis zu den Schiffen zurückgedrängt. Erst als sich die Niederla-
ge der Griechen abzuzeichnen begann, erlaubte Achilles seinem treuen Kampfgefährten Patroklos als Anführer in seiner
Rüstung mit den Myrmidonen in den Kampf zurückzukehren,
nicht aber bis zur Stadt vorzurücken. Das Blatt wendete sich

---

[2] Homer, Ilias I.1 f.; in den homerischen Epen werden die Griechen wahl-
weise Achaier, Argeier oder Danaer genannt

und die Trojaner wurden von der Küste zurückgedrängt. In seinem Schlachtrausch hielt sich Patroklos nicht an die Abmachung und verfolgte die Trojaner bis vor ihre Stadt, wo er von Hektor getötet wurde. Mit Patroklos Tod richtete sich Achilles Zorn nicht mehr gegen Agamemnon. Er hatte ein anderes Ziel gefunden: die trojanischen Krieger und besonders ihr Heeresführer Hektor, ein weiterer Sohn von König Priamos. In der folgenden Teilnahme an der Schlacht gelang dem schnellfüßigen Achilles die Tötung Hektors. Aus Rachsucht für die Tötung Patroklos durchbohrte er dem Leichnam zornentbrannt die Fersen, zog einen Riemen hindurch, befestigte ihn an seinem Streitwagen und schleifte ihn hinter sich her. Die Götter waren Hektor wohlgesonnen und sorgten dafür, dass die Schändung dem Leichnam nichts anhaben konnte. Durch Achilles Mutter Thetis ließen die Götter ihn wissen, dass er den Leichnam zurückgeben müsse. Des Nachts geleitete der Götterbote Hermes König Priamos durch das Lager der Griechen zu Achilles. Durch die von gegenseitigem Respekt geprägte Begegnung mit seinem „Feind" Priamos fiel ihm sein blinder Zorn wie Schuppen von den Augen. Damit hatte sich das Motiv der Ilias erledigt und ihrem Ende zugeführt. Im Tausch gegen wertvolle Gaben wurde Hektors Leichnam ausgelöst. Achilles spricht zu Priamos die vielsagenden Worte:

Der donnernde Zeus hat zwei Tonkrüge in der Halle seines Palastes stehen. Im einen verwahrt er alles Glück, im anderen das Leid. Den meisten misst er eine Portion von allem beiden zu, drum geht es ihnen einmal besser, einmal schlechter. Wem er jedoch bloß aus dem Krug des Bösen schöpft, lässt er an ausgestreckter Hand verhungern. Verstoßen muss er über diese heilige Erde irren, von den Göttern und Menschen verachtet.[3]

---

[3] Homer, Ilias XXIV.527 f.

Diese Worte beleuchten den Aspekt der Zweiteilung der Seele. Der Krug des Leids würde ein gekränktes Ego hervorbringen, wenn nicht gar dem Ego selbst entsprechen. Auch die Götter schienen davon nicht verschont geblieben zu sein. Sie traten in vielfache Interaktion mit den Menschen. So griffen die olympischen Götter ins Kampfgeschehen um Troja ein. Selbstredend war Aphrodite auf der Seite der Trojaner, Hera und Athene setzten sich für die Griechen ein. In einem frühen Abschnitt in der Ilias wird Paris von Aphrodite an einen anderen Ort versetzt, als er Gefahr läuft, getötet zu werden. Ihm war noch eine einschneidende Rolle zugedacht.

Im Kriegsverlauf nach den in der Ilias geschilderten Ereignissen wird Achilles am Skäischen Tor Trojas von einem tödlichen Giftpfeil in die Ferse getroffen, abgeschossen von Paris und ins Ziel gelenkt durch Apollon. Dadurch hatte sich die Prophezeiung erfüllt, dass Achilles vor Troja die Geschichte überdauernden Ruhm sowie den Tod finden würde. Die *Achillesferse* wurde das Synonym für die verletzlichste oder empfindlichste Stelle schlechthin. Streng chronologisch gesehen hätte Achilles zu diesem Zeitpunkt noch ein Kind sein müssen, denn zwischen der verhängnisvollen olympischen Hochzeitsfeier und dem Kriegsbeginn dürfte nur eine kurze Zeit vergangen sein. Aber in Mythen gelten andere Regeln, sind es doch alles von Menschen erfundene Geschichten. Achilles Sohn Neoptolemos, der laut der Odyssee nach seinem Tod Anführer der Myrmidonen wurde, ist ein weiterer Widerspruch, stimmt Achilles doch nach den oben zitierten vielsagenden Worten zu einem Klagelied über fehlende Nachkommenschaft an.

Kassandra, Tochter von Priamos und Schwester von Paris und Hektor, hatte Apollon wegen ihrer Schönheit die Gabe der Weissagung verliehen. Als sie ihm auf seine Verführungsversuche hin die kalte Schulter zeigte, verfluchte er sie. Da er die ihr verliehene Gabe nicht zurücknehmen konnte, bestimmte er, dass niemand ihren Weissagungen glauben schenken werde. Immer das Unheil voraussehend, aber niemals Gehör findend, wurde sie zu einer tragischen Heldin. Derart ungehörte Warnungen werden seither als *Kassandrarufe* bezeichnet.

Im weiteren Schlachtgetümmel wurde auch Paris getötet, und Helena soll das Heimweh nach Sparta geplagt haben. Unter dem Eindruck des Misserfolgs vor Troja kam der einfallsreiche Odysseus auf die kriegsentscheidende List, ein großes hölzernes Pferd bauen zu lassen, die mutigsten Krieger darin zu verstecken und die Heimfahrt der Griechen vorzutäuschen. Als die Trojaner an der entleerten Küste das zurückgelassene Pferd entdeckten, beförderten sie es entgegen den eindringlichen Warnungen Kassandras und eines Priesters in die Stadt. In der Nachtruhe nach der Siegesfeier entstiegen die Krieger dem Holzpferd und öffneten der zurückgekehrten Streitmacht die Stadttore. Troja wurde geplündert, niedergebrannt und nur wenige Bewohner überlebten. Aus dieser Begebenheit stammt der gängige Begriff des *Trojanischen Pferdes*. Der Troja-Film von Wolfgang Petersen gibt einen guten Einblick in die Geschehnisse vor dem zehnten Jahrhundert v. Chr. in der späten Bronzezeit, wenn auch vom Mythos in leicht abgeänderter und verdichteter Form.

Nach dem Fall Trojas wurde Kassandra im Tempel der Athene von einem griechischen Krieger vergewaltigt. Hierbei ist zu bedenken, dass den Menschen in den Mythen ohne den Beistand der Götter ein schweres Los beschieden war. Die Ilias beginnt damit, dass der Apollon-Priester Chryses seine von Agamemnon erbeutete Tochter Chryseis gegen eine beträchtliche Goldsumme auslösen will. Doch Agamemnon verschmäht das Angebot und schickt ihn unverrichteter Dinge weg. Als treuer Diener Apollons bittet er seinen Gott, Gerechtigkeit walten zu lassen und die Griechen für ihr frevelhaftes Verhalten zu bestrafen. Apollon lässt im Lager der Griechen eine

Seuche ausbrechen. Der bewährte Seher Kalchas deutet den Grund des Übels und wie es abzuwenden wäre. Widerwillig lenkt Agamemnon ein und beauftragt Odysseus, zur Insel des Chryses zu segeln, Chryseis zurückzugeben und dort 100 Rinder dem Apollon zu opfern, um den Zorn des Gottes zu besänftigen. Als Kompensation nimmt Agamemnon dem Achilles sein Beutemädchen Briseis weg. Dieser sieht sich in seiner Ehre verletzt mit den geschilderten Folgen.

Die Entweihung des Tempels der Athene durch die Schändung Kassandras an ihrem Altar kam einer direkten Demütigung der Göttin gleich und sollte sich als kolossale Dummheit herausstellen, stand Athene doch immer hilfreich auf der Seite der Griechen. Ohne ihren Beistand wird sich die Heimfahrt der Griechen als eine schier endlose Irrfahrt erweisen und als *Odyssee* in unseren Wortschatz übergehen. Besonders Odysseus musste viele unnennbare Leiden erdulden. Auf der Insel der einäugigen Riesen gerät er selbstverschuldet in die Gefangenschaft des Kyklopen Polyphem, einem Sohn des Meeresgottes Poseidon. Um ihm zu entkommen, blendet er ihn. Als Vergeltung bittet dieser seinen Vater, Odysseus zu töten oder seine Heimkehr sehr lange hinauszuzögern. Ohne Athenes Unterstützung und mit Poseidon gegen sich, dauert seine Odyssee bis zur Rückkehr in seine Heimat Ithaka zu seiner Gemahlin Penelope zehn Jahre. Dabei verliert er seine zwölf Schiffe, inklusive Mannschaft. Sieben Jahre wird er auf der Insel Ogygia von der Nymphe Kalypso festgehalten. Eine weniger lange Irrfahrt bringt Menelaos mit seiner wiedergewonnen Helena zurück nach Sparta.

Von der Odyssee zum Argonautenepos

Die homerischen Epen nehmen mehrfach Bezug auf das Argonautenepos. Viele Väter griechischer Helden vor Troja zählen

zur Mannschaft des sagenhaft schnellen Schiffs Argo, beispielsweise Achilles Vater Peleus und Patroklos Vater Menoi-
tios. Aus Lemnos war eine Anzahl von Versorgungsschiffen
bei den Griechen gelandet – geschickt hatte sie König Euneos,
der Sohn, den Jason auf seiner Argonautenfahrt damals mit
Hypsipyle gezeugt hatte.[4] Und die Seefahrergeschichten der
Odyssee weisen Parallelen zur Argonautensage auf. Das auslö-
sende Element dieser alten Sage findet sich in der Geschichte
des Pelias. Er hatte sich durch die Tötung seiner Stiefmutter
Sidero auf den Stufen eines Altars im Tempel der Hera den
unversöhnlichen Zorn der Götterkönigin zugezogen. Wird im
Trojanischen Krieg der Familienzwist ausgetragen, den Zeus
unter seinen Frauen angezettelt hatte, so scheint in der Argonautensage Zeus Gemahlin Hera diejenige zu sein, die im Hintergrund die Fäden zieht und Gedanken eingibt, um alle Beteiligten in einem unabwendbaren Schicksal zu verstricken, das
in Pelias Tod Erfüllung findet.

Pelias war der älteste Sohn von Tyro, Gattin des Kretheus,
Gründer und Herrscher von Iolkos in Thessalien, aber in einer
außerehelichen Affäre gezeugt. Nach Kretheus Tod gelang
dem machthungrigen Pelias die Übernahme der Herrschaft in
Iolkos gegen die leiblichen Söhne Kretheus. Bei der üblichen
Orakelbefragung anlässlich seines Regierungsantritts erhielt er
die zunächst unverständliche Warnung vor dem Einschuhigen.
Jason, Sohn des ältesten leiblichen Kretheus-Sohnes Aison,
wurde von der Göttermutter Hera in Gestalt einer Greisin gebeten, ihr bei der Überquerung eines Baches zu helfen. Dabei
blieb ein Schuh im Flussbett stecken. Als Jason darauf ein-
schuhig vor seinen Onkel trat, wurde Pelias die Bedeutung des
Orakelspruchs klar. Um Jason loszuwerden, beauftragte er seinen Neffen mit der scheinbar unlösbaren Aufgabe, das Golde-

---

[4] Homer, Ilias VII.467

18

ne Vlies, ein wertvolles Widderfell, herbeizuholen, das sich im Bereich der aufgehenden Sonne am östlichen Weltrand in Kolchis befinden sollte. Als Erfolgsprämie versprach er ihm den Thron in Iolkos. Unter göttlicher Anleitung baute Argos sodann die nach ihm benannte fünfzigrudrige Argo aus den Kiefern des Pelion-Gebirges. Im Bug wurde ein Stück Holz einer Eiche aus einem Zeus-Heiligtum eingebaut, damit das Schiff sprechen konnte.

Jason konnte die berühmtesten Helden Griechenlands für die Teilnahme an der Expedition gewinnen, die fortan in Anlehnung an den Namen des Schiffs Argonauten genannt wurden. In Iolkos stachen sie in See und erlebten auf der Hinfahrt mannigfaltige Abenteuer. Am schwierigsten erwies sich die Fahrt durch die Symplegaden am Eingang zum Schwarzen Meer. Das waren zwei sich abwechselnd öffnende und schließende im Meer treibende Prallfelsen, gegen die starke Strömung brandete und die alles sie Passierende zerquetschten. Nur dank Heras Hilfe gelangte die Argo heil durch die Meerenge der Symplegaden. Wie das von den Göttern bestimmt war, wenn einer sehenden Auges mit dem Schiff hindurchführe, blieben die Felsen nach der erfolgreichen Durchfahrt unbeweglich verwurzelt stehen. In der Odyssee berichtet Kirke von der erfolgreichen Durchfahrt der Argo, was darauf hinweist, dass der viel besungene Mythos bei ihrer Abfassung weit verbreitet war.

Nach der Ankunft der Argonauten in Kolchis begab sich Jason zu König Aietes, um die Bedingungen zur Herausgabe des Vlieses zu erfahren. Bei diesem Zusammentreffen war auch seine zauberkundige Tochter Medea anwesend, die sich Hals über Kopf in den Fremdling verliebte. Aietes trug Jason unlösbar scheinende Aufgaben auf, mit deren Bewältigung er das Anrecht auf das Vlies erlangen konnte. Aus Liebe half ihm Medea die Aufgaben zu bewältigen und dem Vlies habhaft zu werden. Als Gegenleistung hatte er ihr versprochen, sie zu seiner Gemahlin zu machen. Da Aietes nicht entgangen sein konnte, dass Medea bei der Bewältigung der Aufgaben ihre Hand im Spiel gehabt haben musste, sah sie sich genötigt, zusammen mit den Argonauten zu fliehen. Von der Verfolgung der Argo durch die kolchische Flotte konnten sie sich nur dadurch retten, dass Medea den Tod ihres Bruders Apsyrtos verschuldete. Medea und Jason heirateten. In Iolkos ersann sie ihm zuliebe eine List, durch die König Pelias zu Tode kam.

Das Goldene Vlies zu holen war nur der vorgeschobene Vorwand für die Argonautenfahrt nach Kolchis, denn in Wirklichkeit ging es darum, die zauberkundige Medea nach Iolkos zu bringen, weil ihre Hilfe bei Pelias Beseitigung erforderlich war. Damit gehören alle Beteiligten der Argonautenfahrt inklusive Medea zu Heras Instrumentarium, um ihrem Zorn auf Pelias durch dessen Tötung Genugtuung zu verschaffen.

Vom Argonautenepos zu Euripides

Die älteste und vollständig erhaltene Gesamtfassung der Argonautensage ist die *Argonautika* des Apollonios von Rhodos aus dem dritten Jahrhundert v. Chr. In verschiedenen Punkten weicht seine Version von der Urfassung ab. Er scheint die homerischen Epen genauestens studiert zu haben, denn die Rückfahrt enthält mehrere Stationen, die wir auch in der Odyssee antreffen. So fahren die Argonauten zur Insel der Kirke, einer Tante Medeas, um sich von ihr von der Blutschuld des Brudermords entsühnen zu lassen. Auf der Weiterfahrt segeln sie an der Insel der Sirenen vorbei, indem Orpheus mit seinem Gesang den Gesang der Sirenen übertönt, passieren Mithilfe der Nereiden die Meerenge von Skylla und Charybdis unbeschadet durch die Plankten, segeln an der Insel mit den Heliosrindern vorbei und erreichen schließlich als letzte gemeinsame

Station die Insel der Phaiaken, wo sie auf König Alkinoos treffen. Die Argonautika enthält in der zweiten Hälfte, als Medea die Bühne betritt, sehr ausdrucksstarke Passagen, die uns bei der Deutung des Mythos wichtige Hinweise liefern. Im folgenden Ausschnitt begibt sich Aphrodites Sohn Eros in den Hof des Palastes von Aietes, als Jason, nach seiner väterlichen Abstammung als Aisonide benannt, mit Begleitern von seinem Schiff das erste Mal mit Medea, ihrer Familie und deren Hofstaat zusammentrifft.

> Eros durcheilte unsichtbar die klare Luft. Auf der Schwelle im Vorhof spannte er schnell den Bogen und nahm aus dem Köcher einen leidbringenden Pfeil, der noch neu war. Unbemerkt überschritt er die Schwelle mit hurtigen Füssen, scharf umherspähend. Dicht hinter dem Aisoniden kauerte er sich nieder, legte die Kerbe in die Mitte der Sehne, spannte den Bogen mit beiden Händen und schoss geradewegs auf Medea: Sprachlose Verwirrung erfasste sie im Herzen. Eros eilte frohlockend zurück aus dem hochgebauten Palast; der Pfeil aber brannte tief im Herzen des Mädchens, einer Flamme gleich. Sie warf dem Aisoniden ständig verstohlene Blicke zu, und in ihrer Verwirrung verflüchtigte sich aus ihrer Brust der klare Verstand. Sie konnte keinen anderen Gedanken mehr fassen, und im süßen Schmerz zerfloss sie in ihrem Gemüt.[5]

Als Fortsetzung des Argonautenepos, oder unabhängig davon, hat sich der Mythos um Medea weiterentwickelt. Nach Pelias Tod verlassen Medea und Jason Iolkos und lassen sich in Korinth nieder. Dort leben sie einige Zeit mit ihren zwei Söhnen. Dann verstößt Jason Medea, um die Tochter des Königs Kreon

---

[5] Apollonios, 3.276 f.

von Korinth zu heiraten. Aus Rache ermordet Medea ihre Nebenbuhlerin. Dabei stirbt auch König Kreon. Ihre gemeinsamen Kinder mit Jason ersticht sie. Sie flieht nach Athen und heiratet König Aigeus. Damit wird sie die Stiefmutter des Helden Theseus. Mit Aigeus hat sie einen Sohn namens Medos. In einem Konflikt mit Theseus kann sie sich nicht durchsetzen. Sie muss mit ihrem Sohn das Land verlassen und wendet sich nach Asien, was dem heutigen Kleinasien entspricht.

Die Tragödie der Medea hat dazu geführt, dass um ihre Figur ein umfangreicher Sagenkomplex entstanden ist, der das Argonautenepos etwas in den Hintergrund gerückt hat. Die folgende Grafik zeigt die Handlungsorte und ihre Herrscher aus der Medea-Sage.

Kolchis ➤ **Iolkos** ➤ **Korinth** ➤ **Athen** ➤ **Asien**
König Aietes   König Pelias   König Kreon   König Aigeus
Medeas Vater   Jasons Onkel

Abb. 1 Überblick Medea-Mythos

Seit antiker Zeit gehört die Medea-Sage zu den bekanntesten Stoffen der Weltliteratur. Sie wurde in vielfältiger Weise von Autoren aufgegriffen und als Tragödie, Drama, Oper, Theaterstück usw. bearbeitet, sowie im Film und in der Malerei dargestellt. Eine der bekanntesten antiken Versionen ist die Tragödie des Euripides, auf die sich viele spätere Bearbeitungen weitgehend abstützen. Deshalb wird die Medea-Sage oft auf das Thema der Kindsmörderin reduziert. Ob der Kindsmord tatsächlich Teil der Sage war oder von Euripides erfunden wurde, ist umstritten. Seine Tragödie spielt sich in Korinth ab und gibt zahlreiche Hinweise auf die ursprüngliche Argonautensage. Im Prolog lässt er durch die Amme im Vorhof des Hauses von Medea in Korinth die vorausgehenden Ereignisse zusammenfassen, die in seiner Tragödie zur Katastrophe des

Kindsmords führen:

> Wenn doch die Argo nicht hindurchgeflogen wär – das Schiff – ins Kolcher-Land durch blaue Symplegaden, und nie im Tal des Pelion gefallen wär, gehaun, die Kiefer, und mit Rudern ausgerüstet hätt die Hände der besten Männer, welche dem ganz goldenen Vlies Pelias' wegen nachgegangen sind! Nicht wäre nämlich meine Herrin, Medea, zu den Türmen des Iolker-Landes gesegelt, betört von Liebesglut für Iason im Gemüt, und hätt beschwatzt die Peliaden-Mädchen nicht, dass töten sie den Vater, und bewohnte nicht dies Land Korinth mit Mann und Kindern, zu Gefallen zwar den Bürgern, deren Land auf ihrer Flucht erreicht sie hat, und selbst mit Iason alles tragend gern: Dies nämlich wird zum größten Heil, wenn eine Frau mit ihrem Mann sich nicht entzweit.
>
> Doch jetzt ist feindlich alles, und es krankt das Liebste. Verraten hat die eigenen Kinder ja und meine Herrin Iason, bettet sich in königlicher Ehe …

In der ursprünglichsten Fassung, auf die Hesiod und Eumelos von Korinth verweisen, ist Medeas Verhalten noch untadelig. Sie scheint ihre Heimat von Kolchis einvernehmlich und in aller Unschuld zu verlassen und auch in ihrem späteren Wirken lädt sie sich keine Schuld auf. Erst in der weiteren Entwicklung verdüstert sich die Figur der Medea zusehends. Um den gesamten Sagenkomplex der Medea zu verstehen, ist es unabdingbar zu ergründen, auf welche Art und Weise Legenden und Mythen entstehen. Dies setzt voraus, dass wir bereit sind zu akzeptieren, dass es sich bei Medea nicht um eine persönliche Lebensgeschichte handelt, sondern um eine erfundene Geschichte. Die in Adaptionen anzutreffende und als unglaubwürdig kritisierte Charakterveränderung der Medea im Verlauf des Mythos rührt daher, dass Medea als Individuum gedeutet wurde. Auch davon müssen wir uns verabschieden und Medea auf kollektiver Ebene deuten.

Einleitend haben wir gesehen, dass allen Mythen Ursache-Wirkungs-Beziehungen zugrunde liegen: Zeus Mitleid mit der Erde hat den Trojanischen Krieg zur Folge, die Entweihung des Athene-Tempels die Odyssee der Griechen auf ihrem Heimweg nach dem Krieg und die Entweihung des Hera-Tempels durch Pelias die Argonautenfahrt. Der Medea-Mythos ist in gewisser Weise vielschichtiger als der Sagenkreis um den Trojanischen Krieg, weil er nicht eine frühe Fixierung erfuhr, wie das mit den epochalen homerischen Epen geschah. In ihrer Gesamtheit weist Medea Elemente auf, die eine Deutung erlauben, die einen Bogen von der Antike in die Gegenwart und darüber hinaus spannen lassen. Wenn wir Fehler und Widersprüche in der Logik des Mythos ergründet und Verbindungen zu anderen antiken Überlieferungen geknüpft haben, werden wir sehen, dass wir aus der Medea-Sage die gesamte Menschheitsgeschichte herauslesen können. Wir werden erfahren, woher wir kommen, wer wir sind, was hier in der Welt unser Problem und unsere eigentlichen Aufgaben sind und wohin wir auf unserer Reise durchs Leben gehen werden, sowohl individuell wie kollektiv. Letztendlich geht es um nichts weniger als um den übergeordneten Zweck des Lebens. Anhand von beispielhaften Biografien werden wir Menschen kennen lernen, die das Ziel der Reise erfolgreich verwirklicht haben. Und diese Reise werden wir früher oder später alle einmal antreten.

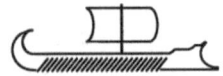

2. Mythenbildung

Ein Vulkanausbruch schreibt Geschichte

Vielen alten Erzählungen und Mythen liegen eindrückliche Naturereignisse oder gesellschaftliche Umbrüche im Zusammenhang mit großflächigen, kriegerischen Auseinandersetzungen zugrunde. In der Ägäis war der Vulkanausbruch auf der Insel Santorin (Thera) um das Jahr 1645 v. Chr. eine Naturkatastrophe epochalen Ausmaßes.[1] Laut archäologischem Befund soll es auf der Insel selbst keine Todesopfer gegeben haben, da der Vulkan lange vor der Eruption zu brodeln begann, so dass die Bewohner die Insel verlassen mussten. Die Eruption selbst soll einen riesigen Tsunami ausgelöst haben, was in den Küstengebieten der Ägäis zu verheerenden Zerstörungen führte und zahlreiche Todesopfer forderte. Einzelne Quellen sprechen von mehreren aufeinander folgenden Wellen mit bis zu 20, vielleicht auch 30 Metern Höhe.

Auf Kreta konnte das durch den Tsunami aus dem Meer an Land gespülte Material in strandnahen Erdschichten nachgewiesen und darin enthaltene Tierknochen datiert werden. In Palekastro an der Ostküste Kretas reicht diese Erdschicht bis rund einen Kilometer ins Landesinnere, da wo die zweitgrößte minoische Stadt mit geschätzten 5'000 Einwohnern stand und vom Tsunami vollständig zerstört wurde. Naturkatastrophen in Asien aus der jüngeren Vergangenheit liefern anschauliche Beispiele für die Auswirkungen von ähnlich großen, wie auch weitaus kleineren Tsunami-Ereignissen. Der Vulkan auf Santorin soll mehrere Jahre lang aktiv gewesen sein und in dieser Zeit große Mengen an Vulkanasche in die Atmosphäre ausge-

---

[1] z. B. YouTube: *Das war Atlantis!* Über den Untergang der Minoer Kretas

stoßen haben. Dies mag zu einer merklichen Abdunklung und Abkühlung der Atmosphäre geführt haben, mit der Folge von Missernten und Hungersnöten, vergleichbar mit dem Jahr ohne Sommer als Folge des Ausbruchs des indonesischen Vulkans Tambora im Jahr 1816.

Es gibt plausible Gründe zur Annahme, dass die siebenjährige Hungerperiode, die auf sieben fette Jahre folgte, wie sie in der Genesis im ersten Buch Mose im Kapitel 41 beschrieben ist und durch den Traum des Pharao angekündigt wurde, auf eben diese Ursache zurückzuführen ist: „Der Pharao hatte einen Traum; er stand am Nil und sah sieben schöne, fette Kühe aus dem Nil emporsteigen; die weideten im Grase. Nach ihnen sah er aus dem Nil sieben andere Kühe steigen, hässlich und mager; die traten neben die Kühe am Ufer des Nil. Und die hässlichen, mageren Kühe fraßen die sieben schönen, fetten Kühe." Die Vulkanasche lagerte sich am Meeresgrund ab und ist in den Sedimentschichten nachweisbar. Damit ist die geografische Verbreitung des Ascheregens bestimmbar, das Ereignis datierbar, und es lässt sich die Zeit, in der Joseph lebte und dem Pharao den Traum auslegte, abschätzen.

Das kollektive Unbewusste

Der Vulkanausbruch mit seinen verheerenden Folgen stellt eine kollektive Erfahrung der Bewohner in der Ägäis dar. Nur wenige Menschen auf den umliegenden Inseln werden den Vulkan – den brennenden Berg, die Ursache der Naturkatastrophe – direkt gesehen haben. Die überwiegende Mehrheit der Opfer in der Ägäis wird durch die Zerstörung von Schiffen und Küstengebieten aufgrund des Tsunamis zu Schaden oder zu Tode gekommen sein. Diese von vielen Menschen bewusst erlebten Schrecken mögen sich als Erinnerung im kollektiven Unbewussten eingegraben haben, denn in der Offenbarung des

Johannes im Kapitel acht taucht der Vulkanausbruch mit seinen Folgen in symbolhafter Form wieder auf: „Und der zweite Engel posaunte; und da wurde etwas wie ein großer, in Feuer brennender Berg ins Meer geworfen; und der dritte Teil des Meeres wurde Blut, und der dritte Teil der Geschöpfe im Meer, die Leben hatten, starb, und der dritte Teil der Schiffe ging zugrunde."

Johannes lebte etwa im ersten Jahrhundert im östlichen Mittelmeerraum. Seine Vision soll er auf der griechischen Insel Patras gehabt haben. Johannes Lebenszeit war wiederum durch einen massiven Umbruch gekennzeichnet. Die Ausbreitung des Römischen Reiches hatte nicht weniger gravierende Auswirkungen wie eine gewaltige Naturkatastrophe. Viele kulturelle, wissenschaftliche und gesellschaftliche Errungenschaften wurden zunichte gemacht und der Weg ins dunkle europäische Mittelalter bereitet. Als exemplarisch sei die Vernachlässigung und Zerstörung der zu dieser Zeit weltgrößten Bibliothek in der griechischen Stadt Alexandria an der ägyptischen Mittelmeerküste erwähnt, in welcher das gesamte Wissen der damaligen Zeit zusammenkam.

Unter dem Eindruck dieser Untergangsstimmung scheint Johannes in einer Vision Einblick ins kollektive Unbewusste bekommen zu haben. Er sah die zurückliegende Menschheitsgeschichte des östlichen Mittelmeerraums mit seinen zahlreichen kriegerischen Auseinandersetzungen und Naturkatastrophen in symbolhafter Form durch den Filter seines eigenen, schuldbeladenen und angsterfüllten Geistes. Im Licht dieser Zusammenhänge lassen sich seine apokalyptischen Beschreibungen plausibel erklären. Seine Offenbarung enthält also keine Voraussagen über zukünftige Geschehnisse oder göttliche Endzeiturteile über das Menschengeschlecht. Vielmehr entblößt sich in seiner Vision, wie ein angsterfüllter Geist funktioniert: Die Vergangenheit wird auf die Zukunft projiziert und in angstvoller Erwartung zukünftigen Ungemachs die Gegenwart ausgeblendet.

Nichtlokalität des Bewusstseins

Wir verfolgen hier also die Hypothese, dass sich bewusst gemachte Erfahrungen in einem kollektiven Unbewussten akkumulieren und sich später in Visionen, Träumen, Märchen, Mythen usw. manifestieren können. Die Neurowissenschaften und in deren Nachgang die Medizin vertreten die Ansicht, dass Bewusstsein die Folge von Gehirnprozessen ist. Aus neurowissenschaftlicher Sicht wäre ein kollektives Unbewusstes nicht möglich, da Bewusstsein ein lokales, auf das Gehirn begrenztes Phänomen sein muss. Diese alte, materialistische Sichtweise ist aber längst durch mindestens zwei wissenschaftliche Forschungsrichtungen widerlegt und es scheint eher das Gegenteil der Fall zu sein, nämlich dass Gehirnprozesse die Folge von Bewusstsein sind.

An der Princeton-Universität in den USA wurde im Rahmen des PEAR-Programms ein Experiment entwickelt, in welchem Kügelchen durch eine Kaskade in einer Art und Weise herunter fallen, dass unbeeinflusst eine sogenannte Gaußsche Normalverteilung entsteht.[2] Leute von der Straße wurden gebeten, durch ihre Gedanken das Experiment so zu beeinflussen, dass eine Abweichung von der Normalverteilung resultiert, also entweder zu viel auf der einen oder anderen Seite herunterfällt. Das hat tatsächlich funktioniert. Das menschliche Bewusstsein ist in der Lage, physikalische Vorgänge außerhalb des eigenen Körpers zu beeinflussen, und zwar in handfesten wissenschaftlichen Labors, in unterschiedlichen Versuchsanordnungen, tausendfach reproduziert. Diese Ergebnis-

---

[2] PEAR: Princeton Engineering Anomalies Research; das Experiment ist unter anderem im Dokumentarfilm *Am Anfang war das Licht* zu sehen

se lassen den Schluss zu, dass Bewusstsein ein nichtlokales Phänomen sein muss. Wenn Bewusstsein nichtlokal ist, lässt es sich nicht auf Gehirnprozesse begrenzen. Wenn wir von der Beobachtung ausgehen, dass ein lebendiger Mensch Bewusstsein zu haben scheint und nach dem Todeseintritt nicht mehr, dann scheinen Gehirnprozesse vom Bewusstsein abhängig zu sein, denn wenn das Bewusstsein den Körper verlassen hat, zerfällt er ziemlich rasch.

Die Quantenphysik hat maßgeblich zur Einsicht beigetragen, dass Bewusstsein ein nichtlokales Phänomen ist. Laut dem Physiknobelpreisträger Brian Josephson von der Universität Cambridge kommt die Quantentheorie in Schwierigkeiten, wenn man Geist und Bewusstsein nicht einkalkuliert. Ohne den Faktor „Bewusstsein" als Wirkungskraft des Kosmos ergibt die Quantenphysik keinen Sinn. Auf YouTube gibt es sehr gut gemachte Videos, die das Doppelspaltexperiment und die quantenmechanische Verschränkung zeigen, zum Beispiel unter dem Titel: „Quantenmechanik – Doppelspalt, Verschränkung und Nichtlokalität". Beim Phänomen der Verschränkung, von Albert Einstein als „spukhafte Fernwirkung" bezeichnet, verhalten sich zwei verschränkte, räumlich voneinander getrennte Teilchen so, als bildeten sie eine Einheit. Nachdem alle möglichen Arten von Informationsaustausch zwischen den Teilchen ausgeschlossen werden können, folgt daraus, dass die Natur sich nichtlokal verhält.[3] Dies lässt den Schluss zu, dass Raum und Zeit in Wirklichkeit nicht existieren, sondern eine bewusst herbeigeführte Erfahrung darstellen.

Ein Phänomen innerhalb der Quantenmechanik ist die Unbestimmtheit oder Unschärfe. Unbestimmtheit bedeutet, dass es sowohl dies als auch jenes sein könnte, beide Möglichkeiten stehen offen. Das Bewusstsein stellt somit das Reich der Mög-

---

[3] Resag, 307

lichkeiten dar. Folglich scheint Bewusstsein die Materie hervorzubringen und nicht umgekehrt. Diese Schlussfolgerung hat zu vielerlei philosophischer Spekulation Anlass gegeben und zur Quantenphilosophie und anderen Denkmodellen geführt, die sich stark an fernöstliche Weisheiten anlehnen, und namentlich die Ideen des Buddhismus zu bestätigen scheinen. Wenn wir die Spur der Medea aber konsequent weiterverfolgen, werden wir in weit größeren Dimensionen zu Denken beginnen.

Die Hypothese, dass sich bewusst gemachte Erfahrung in einem kollektiven Unbewussten akkumulieren kann, hält wissenschaftlicher Betrachtung stand. Das ist nicht der Beweis, dass es sich genauso verhält, aber es widerspricht den aufgeführten wissenschaftlichen Befunden nicht. Wenn wir die Physik als Erklärungshilfe zu Rate ziehen, ist immer auch zu berücksichtigen, dass sie laut Aussage eines Physikers im Trailer zum Film *CERN und der Sinn für Schönheit* von Valerio Jalongo erst vier Prozent, vielleicht fünf Prozent des gesamten Universums versteht. Dies bringt es mit sich, dass grundsätzlich alle Argumentationsschritte als vorläufiger Stand des Wissens zu betrachten sind. Und das Universum ist nicht irgendwo da draußen, sondern wir sind Teil davon; es ist überall.

Analog zum Universum, von dem wir bis jetzt nur einen kleinen Teil sehen und vermessen können – der größte Teil, inklusive dessen Eigenschaften liegen im Dunkeln – scheint auch das gesamte Bewusstsein in verschiedene Ebenen aufgeteilt zu sein: in einen kleineren Teil, der uns bewusst ist, und in größere Teile, denen wir uns nicht bewusst sind. Zudem scheint das Bewusstsein fragmentiert zu sein, um uns innerhalb eines Fragments als Individuum erfahren zu können. Schon C. G. Jung hat im Rahmen seiner Forschungstätigkeit die Idee des kollektiven Unbewussten entwickelt und Grundmuster menschlichen Verhaltens und Erlebens in Archetypen zusammengefasst. Damit hat er die tiefenpsychologische Richtung der Analytischen Psychologie begründet.

Mythen- vs. Legendenbildung

Mit dem geschilderten Beispiel des Johannes aus der Bibel haben wir gesehen, wie sich kollektive Erfahrung über das Unbewusste in Visionen, Träumen, Märchen, Mythen usw. manifestieren kann. Der zweite Weg, wie sich Legenden und Mythen bilden können, ist durch symbolhafte Erzählungen über Generationen hinweg gegeben. Anschauliches Beispiel liefern die Geschichten der Aborigines. So berichtet ein Mythos über die weit ins Landesinnere hineinreichende Spencer-Bucht an der Südostküste Australiens folgendes: „Es war ein sumpfiges Tal mit flachen Süßwasser-Seen. Dazwischen lebten Emus und Buschhühner. Aber eines Tages tauchte ein riesiges Känguru auf. Es grub mit einem magischen Knochen einen Graben in den Wall, der das Land vom Meer trennte. Donnernd stürzte das Wasser durch diese Öffnung und überflutete das Tal." Der Wall am Eingang der Bucht wurde inzwischen 50 Meter unter Wasser gefunden.

Die Lebensumstände und die Kultur der Aborigines haben es offenbar begünstigt, dass Geschichten mit historischem Kern in Form von Mythen über 500 Generationen oder 10'000 Jahre mündlich überliefert werden konnten und sich auf den Meeresanstieg von 100 Metern nach dem Ende der letzten Eiszeit beziehen. In diesem Fall sprechen wir nicht mehr von Mythen, sondern von Legenden. Eine weitere Kostprobe: „Die Brüder Malgaru und Jaul wanderten durch die Wüste. Malgaru versteckte seinen Wassersack und ging jagen. Sobald er weg war, stürzte sich sein durstiger Bruder darauf. Dabei beschädigte Jaul den Sack, und das Wasser floss aus. Malgaru eilte zurück, aber er konnte das herausstürzende Wasser nicht bremsen. Es floss über das Land, ertränkte die Brüder und bildete einen neuen Teil des Meeres."[4]

Zur wachsenden Liste geologischer Ereignisse, die offenbar Eingang in die Legenden der Aborigines gefunden haben, zählt auch der Ausbruch des Vulkans Kinrara vor rund 7'000 Jahren. Medea lässt sich dagegen nicht an einer historische Figur festmachen. Die märchenhaften Züge des Mythos mit der zauberkundigen und unsterblichen Medea lassen eher auf eine kollektive Erfahrung schließen, die sich in symbolhafter Form aus den tiefsten Schichten des Unbewussten manifestiert hat, wie wir das in ähnlicher Form am Beispiel mit dem brennenden Berg aus der Offenbarung des Johannes gesehen haben. Und es liegen uns genügend wissenschaftliche Befunde vor, die eine Deutung erlauben, die davon ausgeht, dass Bewusstsein ein nichtlokales Phänomen ist. Wir können die Nichtlokalität des Bewusstseins sogar in unserem Alltagsleben erfahren.

Erlebnis der Nichtlokalität

Vor einigen Jahren nahm ich an einem Abschiedsgottesdienst teil. Er fand in einer großen Kirche mit angeschlossenem Friedhof an einem nasskalten Frühlingstag statt. Vor der Zeremonie in der Kirche warteten viele Leute rund um die Kirche herum. Die meisten kannte ich nicht, wohl Nachbarn und Bekannte des Verstorben. Die gedrückte Stimmung war so trostlos wie das Wetter und ich konnte das Gefühl nicht loswerden, als ob die Trauer der meisten Anwesenden die Ermahnung an die Endlichkeit des eigenen Daseins zu sein schien. Aber darüber konnte ich mit niemandem der Anwesenden sprechen. Doch ich stellte mir vor, dass der Verstorbene auch da war, nicht als Körper, sondern als Geist, denn in meiner Vorstellung war er ja nicht wirklich gestorben, sondern hatte bloß die

---

[4] beide Zitate mit Begleittext: Radio SRF2 Kultur, Rendez-vous, 20.11.2015

Form oder die Seite gewechselt.

Ein leichter Nieselregen ging nieder. Ich hatte den Schirm aufgespannt und während des Wartens lief ich mehrmals um die Kirche herum. Bei den Grabfeldern war eine Urne aufgestellt. Der Onkel, der in meinen Kindheitstagen mein Taufpate gewesen war, war an Krebs gestorben. In Gedanken begann ich mit ihm zu sprechen, denn anwesend als Geist dachte ich mir, war er nicht mehr durch die eingeschränkte Wahrnehmung der Körpersinne getäuscht. Somit war er der einzige Anwesende, mit dem eine vernünftige Unterhaltung möglich war. Ich richtete in etwa die folgenden Worte an ihn: „Ich bin gekommen, um dir die letzte Ehre zu erweisen und dir alles Beste für deinen weiteren Weg zu wünschen. Die Anwesenheit in einem Körper scheint ja nur eine vorübergehende Angelegenheit zu sein und du hast jetzt den ungetrübten Überblick und kannst sehen, wer wir alle in Wirklichkeit sind. Alle Konflikte und Probleme, die wir zu haben scheinen, haben mit dem Körper zu tun, aber was davon ist wirklich? Der Körper muss aus deiner Sicht unwirklich erscheinen, also lassen wir beide jetzt alles los, was jemals zwischen uns gestanden haben mag, denn wenn etwas war, war es nicht wirklich, und so gehen wir in Frieden unseres Weges."

Inzwischen hatte sich eine größere Menschenmenge außerhalb der Kirche im Bereich der Grabfelder in der Nähe der Urne eingefunden. Daneben lag ein Haufen von Schnittrosen bereit. „Jeder soll eine Rose nehmen, sie zur Ehrung und Verabschiedung des Verstorbenen auf die Urne legen und danach wollen wir uns in der Kirche zum Gedenkgottesdienst versammeln", wurde verkündet. Ich stand an der Seite und sah zu, wie zahlreiche Leute heraneilten, um einer Rose habhaft zu werden, darunter auch meine nächsten Verwandten. Ich wandte mich im Geist wieder dem Verstorbenen zu, sah mich eher als fernen Verwandten von ihm, nur mit gelegentlichem Kontakt zu ihm bei Familienzusammenkünften. Also bestand für mich kein Anlass mich zu beeilen. Ich ließ zuerst alle anderen vorbeiziehen und mir würde die letzte Rose genügen.

Nach einer Weile fühlte ich mich im Geist angeschubst, mich der Menschenmenge, die sich auf die Urne hinzu bewegte, ebenfalls anzuschließen. Uns so kam es. Etwas weiter vorgerückt bildete sich aus der Menschenmenge eine Kolonne. Langsam ging es vorwärts zur Urne, Schritt für Schritt, und ich mitten drin. Dann stand nur noch ein Paar vor mir. Es lagen noch genau zwei Rosen bereit, um auf die Urne gelegt zu werden. Sie nahmen eine davon auf, legten sie auf die Urne und gingen weiter. Ich trat heran, ergriff die letzte Rose, legte sie auf die Urne, begab mich in die Kirche und nahm irgendwo Platz.

Ich habe keinen Zugang zu außersinnlicher Wahrnehmung, wie das von schamanisch tätigen Menschen bekannt ist. Ich habe den Verstorbenen also weder gesehen noch gehört. Dass ich genau zum richtigen Zeitpunkt auf der Bewusstseinsebene zu einer Handlung angestoßen wurde, um im weiteren Verlauf genau die letzte Rose auf die Urne legen zu können, ist ein deutliches Indiz für die Nichtlokalität des Bewusstseins. Mein Gehirn hätte jedenfalls nicht genügend Informationen gehabt, um dies alles planen zu können. Ob mein Bewusstsein vom Geist des Verstorbenen angestoßen wurde oder ob der Impuls von anderswo kam, weiß ich nicht.

Vom Mythos zur Religion

Ich habe Menschen kennen gelernt, die Verstorbene sehen können. Meistens ist das eine Fähigkeit, die sie bereits seit ihrer Kindheit besitzen. Wenn sie als Kinder über ihre außersinnlichen Wahrnehmungen sprechen, können sie in Konflikt geraten, weil den Menschen in ihrem Umfeld dieser Zugang fehlt und von ihnen als Spinnerei abgetan wird. Einige behalten diese Fähigkeit aber bei, andere entwickeln sie erst in späteren Lebensphasen. Wenn die physische Welt der einen Seite entspricht, dann scheint die geistige Welt wie die andere Seite derselben Medaille zu sein. Die Kenntnis des Zugangs zur geistigen oder feinstofflichen Welt kann allgemein mit Schamanismus bezeichnet werden. Der Schamane besitzt die Fähigkeit mit den Geistwesen auf der anderen Seite zu kommunizieren. Durch alle Zeiten der Menschheitsgeschichte hindurch gab es immer Menschen mit dieser Fähigkeit. Die verschiedenen Ausprägungen des Schamanismus stellen die ältesten Formen von Naturreligionen oder spirituellen Kulten dar. In indigenen Kulturen können diese Kulte mit viel Geheimwissen verknüpft sein.

Mit dem Entstehen der ersten städtischen Hochkulturen wurde die Geisterwelt in eine Götterwelt umgedeutet. In den Götterwelten der antiken babylonischen, ägyptischen und griechischen Kulturen haben die vielen Gottheiten doch meist sehr menschliche Züge und Probleme untereinander. Anstelle der Schamanen treten da Priester als Zeremonienmeister auf und anstatt der Krafttiere werden Orakel und dergleichen befragt. Doch der durch viele Geheimnisse verschleierte Inhalt hat sich nicht geändert. Nur ausgewählten Eingeweihten wird der Zugang zum rituellen Wissen gewährt, streng darauf bedacht, das Geheimwissen zu bewahren. Zentrales Element in allen Götterkulten ist die Opferdarbietung. Was in schamanischen Ritualen noch das harmlose Entfachen eines Räucherwerks ist, hat sich in Götterkulten zu Opfergaben von Tieren und sogar Menschen gesteigert, im Bestreben, die Götter oder Naturgewalten zu besänftigen. Das kann nur aus einer immensen kollektiven Angst heraus verstanden werden.

Aus diesem Umfeld ist auch der Monotheismus entsprungen. Statt vieler Götter mit unterschiedlichen Eigenschaften treffen wir einen mit widersprüchlichen Charakterzügen an. Das im Abendland vorherrschende Christentum kann als typisches Beispiel für kulturellen Synkretismus verstanden werden, einer Vermischung von jüdisch-christlichem Monotheismusverständnis mit alten Kulten aus vorchristlicher Zeit. Die offensichtlichen Widersprüche in der christlichen Religion werden zu vertuschen versucht, indem ein überkompliziertes theologisches System aufgebaut wird, das scheinbar nur von eingeweihten Akademikern verstanden und durch sie vermittelt werden kann. Doch nicht einmal diese Eingeweihten können sich auf eine gemeinsame Konfession einigen. So mag es nicht erstaunen, dass sich heute viele Menschen davon abwenden und ihre eigene Spiritualität zusammenzimmern.

Das Umfeld der Mythenbildung

Die spirituelle Entwicklung der gesamten Menschheit scheint über vier Stufen abzulaufen.[5] Die erste Stufe entspricht dem breiten Spektrum vom Schamanismus bis zu organisierten Formen wie dem Christentum. Das Wesentliche, was dabei gelernt und akzeptiert werden muss, ist, dass die physische Welt nicht alles ist, was es gibt, und dass es daneben eine wie auch immer geartete geistige Welt geben muss. Das Konzept der Individualität wird nicht infrage gestellt und die individuelle Seele als wirklich befunden. Oftmals haben wir es hier mit hierarchischen Systemen zu tun, die Gleichheit predigen. Die hierbei hervorgerufenen Widersprüche mögen einige Menschen antreiben, ein besseres Konzept zu finden und auf die nächst höhere Stufe zu wechseln. Bereits in der griechischen Antike wurden ausgehend vom ionischen Siedlungsraum die Göttermythen hinterfragt und neue philosophische Konzepte entworfen. Neben vielem, das verloren ging, sind uns die um-

---

[5] The Holy Spirit's Interpretation, Acts 19 f.; Gerstenkorn, 167 f.

fangreichen Schriften von Platon erhalten geblieben. Er überlieferte das Konzept, dass alle physischen Erscheinungen von einer einzigen Idee – der Idee des Guten – hervorgerufen werden und miteinander interagieren.

Die Eroberungsfeldzüge Alexander des Großen läuteten die hellenistische Phase der griechischen Geschichte ein. Infolge seines Asienfeldzugs wurden viele griechische Städte gegründet. Im antiken Gandhāra, einem Gebiet im heutigen Pakistan und Afghanistan, kam es zu einer Interaktion der klassischen griechischen Kultur mit dem nach Norden wandernden Buddhismus. Der resultierende Graeco-Buddhismus ist das Resultat eines kulturellen Synkretismus. Gandhāra erlebte zwischen dem ersten und fünften Jahrhundert eine Blütezeit graeco-buddhistischer Kultur. Die ersten Darstellungen Buddhas in menschlicher Gestalt wurden von griechischen Bildhauern angefertigt und tragen deutliche Züge mediterraner Gottheiten. Gewelltes Haar und schulterdeckende Kleider mit feinem Faltenwurf würden auf antike griechische oder römische Gottheiten hindeuten, wären da nicht die typischen, von Buddha-Figuren bekannten Merkmale wie die Stellung der Hände und die langgezogenen Ohren mit den Aussparungen. Markante spätere Zeugen dieser Epoche stellen die 2001 zerstörten monumentalen Buddha-Figuren von Bamiyan in Afghanistan dar. Gottheiten aus der griechischen Mythologie wurden vom Buddhismus adaptiert. So erinnert der Wächtergott Buddhas am Eingang vieler buddhistischer Tempel an Herakles. Ab dem fünften Jahrhundert expandierte die resultierende hellenisierte Form des Buddhismus nach Nordasien und über die Seidenstraße nach China, Korea und Japan. Der Zen scheint seinen Ursprung im hellenistischen Buddhismus zu haben und zentrale Konzepte hellenistischer Kultur wie Tugend, Vortrefflichkeit oder Güte begegnen uns heute in asiatischen Ländern wie Japan und Südkorea.

In Gandhāra scheint auch der Ursprung des tibetischen Buddhismus zu liegen. In der Ausprägung der Kagyü-Linie, bekannt als Diamantweg-Buddhismus, fand er seinen Weg in den Westen. Ole Nydal lernte auf seiner Hochzeitsreise im Himalaya den 16. Karmapa kennen, den spirituellen Führer der Kagyü-Linie. Mit seiner Frau Hannah verbrachte er mehrere Jahre dort. Er wurde zu einem buddhistischen Lehrer, einem Lama. Vom Karmapa wurde er beauftragt, den Diamantweg-Buddhismus für den Westen zugänglich zu machen und ihn dort zu verbreiten. Im Lauf der Jahre hat er über 600 buddhistische Zentren im Westen mitbegründet. Als Lama Ole Nydal 2009 in Luzern einen Abendvortrag hielt, ließ ich mir die Gelegenheit nicht entgehen, mich aus erster Hand informieren zu lassen. Da seine Frau inzwischen gestorben war, tauchte die Frage auf, wer nach ihm die Lehrfunktion weiterführen und bei wem Zuflucht genommen werden könnte. Im Buddhismus scheint ein Abhängigkeitsverhältnis zwischen Schüler und Lama zu bestehen. Im strengen Wortsinn ist der Buddhismus keine Religion, weil Buddhisten nicht an die Rückkehr in einen Idealzustand wie den Himmel glauben. Vielmehr glauben sie, dass es jenseits von Raum und Zeit einen einzigen Geist gibt, der alle physischen Erscheinungen hervorbringt, und dieser Geist befindet sich in einem evolutionären Entwicklungsprozess. Nydals Beschreibung des buddhistischen Glaubens weist eine frappante Ähnlichkeit zur Idee des Guten von Platon auf, und in letzter Konsequenz wird Nichtlokalität des Bewusstseins vorausgesetzt.

Als zentrale Herausforderungen betrachten die Buddhisten das Ego und die mit ihm verbundenen Begierden. Damit stimmen sogar weitsichtige Christen wie der Erzbischof Damianos vom Katharinenkloster auf der Sinaihalbinsel überein. Alles Leiden komme von den Begierden. Um glücklich zu sein, müsse die Abhängigkeit von allen Begierden aufgelöst werden. Aber auch deren Gegenteil, die Aversionen, müssen überwunden werden. Und das Ego wird in etwa mit der Individualität gleichgesetzt. Nydal beschrieb den Geist als einen Spiegel, der vom Urteilen zu reinigen sei, bis ein makelloser Spiegel übrig bleibt. Wer es mittels spiritueller Praxis geschafft hat, dem Wert der Individualität vollständig zu entsagen und alle Begierden, Aversionen und alles Urteilen aufzugeben, kann erleuchtet werden. Aus der 16. Karmapa-Meditation ist mir das dabei angestrebte Körpergefühl in Erinnerung geblieben: „Ich bin kein Körper, ich habe einen Körper."

Ansonsten scheinen die Buddhisten ein Problem mit dem Tod zu haben, der als Folge der Reinkarnation im Rahmen des größeren Evolutionsprozesses immer wiederkehrt. In speziellen Kursen wird dann gelernt, wie richtig gestorben werden kann, damit die Seele genau am richtigen Ort im Scheitel austreten kann. Wer von der ersten Stufe aus einer konservativen Religion kommt, mag Buddhismus als große Befreiung erleben, denn es gibt keine Sünde. Wer sich davon angesprochen fühlt, dürfte sehr viel lernen und wesentliche spirituelle Fortschritte erzielen. Doch bei alledem verbleiben Widersprüche. Ist der Tod nicht einfach eine Aversion, die in teilnahmsloser Gleichgültigkeit hinzunehmen wäre? Denn wenn ich kein Körper bin, sondern einen Körper habe, sollte er beim Tod wie ein ausgetragenes Kleidungsstück, das seinen Zweck erfüllt hat, abgelegt werden.

Wie ist Medea zu deuten?

In ihrer Entwicklungsgeschichte haben zahlreiche Mythen in die Glaubenssysteme auf der zweiten Stufe wie dem Buddhismus Eingang gefunden. Es sei nur schon auf die vielen verschiedenen Buddhas, Bodhisattvas und die Reliquienverehrung hingewiesen. Der Medea-Mythos hat sich vorwiegend in einem Umfeld wie auf der ersten Stufe herausgebildet. Sein Material weist auf eine prähistorische Zeit hin, die viel weiter zurückzureichen scheint als uns etwa die Symbolik in der Offenbarung des Johannes zeigt. Für die Auslegung des Mythos bedeutet dies, dass wir es mit kollektivem Erleben und metaphysischen Dimensionen zu tun haben. Weder die Psychologisierung der Medea noch die tiefenpsychologische Deutung des Mythos sind bis zum Kern vorgestoßen. Eine vollständige Entschlüsselung des Mythos bedingt, über alle Mythen hinauszugehen und heutiges Wissen aus verschiedenen Gebieten miteinander zu verknüpfen. Dabei berücksichtigen wir die Nichtlokalität des Bewusstseins und versuchen, wenn immer möglich Ursache-Wirkungs-Beziehungen herauszuarbeiten. Das Auflösen aller Mythen ist gleichzeitig der zentrale Inhalt der spirituellen Entwicklung der gesamten Menschheit auf der dritten Stufe. Insofern geht die Deutung der Medea einher mit der Beschreibung der Tatsachen jenseits aller Mythen und der geistigen Praxis zur Auflösung der Mythen. Der Weg durch die vier Stufen ist der Weg vom Konkreten zum Abstrakten. Die vierte Stufe stellt das endgültige Ziel dar, von allen Mythen befreit zu sein.

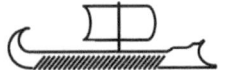

3. Medeas Heimat

Der Name Medea lässt sich aus einem altgriechischen Verb *médomai* ableiten und bedeutet soviel wie „ersinnen", „nachdenken", „sich beraten". Aus der schon in Hesiods Zeit wohlbekannten Sage stammen die ältesten Teile der Überlieferung. Aus dem späten achten Jahrhundert v. Chr. berichtet der Dichter über Medeas Herkunft:

> Aietes, der Sohn des Lichtbringers Helios, nahm sich zur Gemahlin des Ringstroms Okeanos Tochter Idyia, wangenschön; ihm hatten die Götter zur Hochzeit geraten. Die gebar ihm die fesselschöne Medeia, bezwungen von seiner Liebe, mit Aphrodites, der goldenen, Hilfe.[1]

Medea ist somit die Enkelin des Sonnengottes Helios und gehört wie ihre Eltern durch die göttliche Herkunft zu den Unsterblichen. Unsterblichkeit im Sinne der griechischen Mythologie ist gleichbedeutend mit ewiger Jugend. Der Name ihres Vaters bedeutet „Mann von Aia". Aia war ursprünglich ein mythisches Wunderland und wurde später mit Kolchis an der Ostküste des Schwarzen Meeres in Verbindung gebracht, dem heutigen Georgien.

Unsterblichkeit ist der Kern von Medeas Wesen. Unsterblichkeit ist keinem Werden und keinem Vergehen unterworfen. Sie ist zeitlos. Alles, was die Essenz von Medeas Wesen ausmacht, muss unsterblich sein, und was diesem Kriterium nicht entspricht, kann nicht zur Essenz Medeas gehören. Das Konzept der Unsterblichkeit steht im Kontrast zur Unbestimmtheit oder Unschärfe, die im Reich des Bewusstseins vorzuherrschen scheint. Im Reich des Bewusstseins gibt es

---

[1] Hesiod, Theogonie, 958-962

nichts, was nicht ständigem Wandel unterworfen ist. Unsterblichkeit geht somit einher mit Bestimmtheit. Bestimmtheit und Unbestimmtheit schließen sich gegenseitig genauso aus wie Gewissheit und Ungewissheit. Als kompromisslose Folgerung muss Medeas Essenz von jenseits des Bewusstseins stammen.

Körper, Geist und Seele

Wir haben es hier also mit zwei sich gegenseitig ausschließenden Seiten zu tun. Auf der einen Seite haben wir das Bewusstsein, das auf einer unbewussten kollektiven Ebene das Universum von Raum und Zeit hervorgebracht hat, über das namhafte Physiker aussagen, dass wir maximal erst fünf Prozent von allem, was es darin zu geben scheint, verstehen. Diese Seite ist also wiederum zweigeteilt, in einen materiellen Teil, den wir sehen oder mit physikalischen Methoden vermessen und nachweisen können, und in einen diesen Methoden nicht zugänglichen Teil, der 95 Prozent auszumachen scheint. Auf der anderen Seite gibt es jenseits des Bewusstseins etwas, das unveränderlich ist. Dies ruft nach der Bildung eines metaphysischen Modells mit drei Ebenen. Der Vorlage dafür bin ich während eines Urlaubs auf der griechischen Insel Kos begegnet. Auf einer Inselrundfahrt galt der erste Halt außerhalb von Kos Stadt dem Asklepieion. Es ist die wichtigste archäologische Stätte der Insel, liegt in einem Zypressenwald und ist an einem Hang in mehreren Terrassen angelegt. Auffällig ist die breite Treppe, die von zuunterst bis zuoberst in der Mitte durch die Terrassen führt. Gebäude stehen keine mehr, nur ein paar rekonstruierte Säulen und einzelne Ruinen auf einer Seite.

Abgebildet ist in der folgenden Fotografie der Blick von der obersten Terrasse in Richtung Kos Stadt über den Zypressenwald und über das Meer zur türkischen Küste. Links am unteren Bildrand sind Personen zu sehen, die auf der Treppe stehen, die von der obersten Terrasse zur mittleren führt. Auf der mittleren Terrasse stehen ein paar rekonstruierte Säulen und in der linken Bildhälfte ist der Einschnitt zu sehen, wo die Treppe in die unterste Terrasse führt. Daran anschließend ist der breite Weg zu sehen, der über die unterste Terrasse reicht und in einer weiteren Treppe endet, die in den Zypressenwald hinunterführt. Die breite und weite unterste Terrasse ist von einer Wiese bedeckt und rechts sind die Ruinen erkennbar.

Abb. 2 Das Asklepieion von Kos

Die griechische Reiseleiterin erklärte auf Deutsch sehr ausführlich die Geschichte des Asklepieions. In der Antike war es etwa eintausend Jahre lang eine im Mittelmeerraum weit herum bekannte und renommierte Heilstätte. Für die damalige Zeit wurden fortschrittliche, ganzheitliche Behandlungsmethoden angewandt. Diese sind verbunden mit Hippokrates von Kos, einem der bekanntesten antiken Ärzte und Mitbegründer einer Medizinrichtung, die heute als evidenzbasierte Medizin bezeichnet wird. Als sie die Funktion des Asklepieions erklärte, ging mir ein Licht auf und ich verstand das metaphysische Modell, wie ich es erst vor kurzem in anderer Form in dem Vi-

43

deo *The Two Dreams* mit Kenneth Wapnick auf YouTube gesehen hatte.

Das Asklepieion besteht aus drei Ebenen, die folgendermaßen bezeichnet werden: Körper, Geist und Seele. Die unterste war der Aufenthaltsort der Patienten mit den Patientenzimmern, die mittlere diente als medizinischer Behandlungsort und zuoberst stand ein großer Marmortempel zu Ehren von *Asklepios Kiparissios Apollon.* Asklepios ist der Gott der Heilkunst und Apollons Sohn, Kyparissi bedeutet Zypresse. Die unterste Ebene bezieht sich auf die Ebene des Körpers und der Welt, in welcher wir uns erfahren. Diese Ebene ist die Wirkung der darüber liegenden Ebene, der Ebene des Geistes oder des Bewusstseins. Alle Verstimmungen, Konflikte, Gewalttaten und Kriege, die wir in der Welt sehen und erleben, sind Wirkungen, deren Ursachen im Geist liegen. Die homerischen Epen lassen sich wunderbar in diesen beiden Ebenen abbilden. Deshalb ist die Ebene des Geistes diejenige, die Heilung bedarf. Es ist die einzige Ebene, auf der dauerhafte Heilung stattfinden kann und muss. Die oberste Ebene entspricht der Ebene jenseits des Bewusstseins, der Quelle allen Seins, des Absoluten, der Vollkommenheit, in der es kein Werden und kein Vergehen gibt. Sie ist die Heimat der ewigen, unsterblichen Seele.

Der eine Wille

Die Offenbarung des Johannes war eigentlich keine Offenbarung, sondern eine Vision. Eine Offenbarung im wörtlichen Sinn ist das direkte Gewahrsein der unveränderlichen Wahrheit, des Absoluten. Wenn es auf dem Weg der spirituellen Entwicklung hilfreich ist, kann eine Offenbarung aus dem Kontext heraus geschehen, in dem wir uns gerade befinden. Das ist mir einmal während des Kraulens im Hallenbad passiert. Mehrere Jahre ging ich regelmäßig dreimal die Woche ins Hallenbad. Die Hälfte des Schwimmbeckens war in Bahnen unterteilt. Innerhalb einer Bahn kraulten mehrere Schwimmer gleichzeitig in Schwimmrichtung auf der rechten Seite mit der Idee, sich gegenseitig nicht zu behindern. An jenem Morgen waren alle Bahnen gut besetzt und ich gehörte in meiner Bahn zu den eher schnelleren Schwimmern. Während des Schwimmens dachte ich über Verschiedenes nach, wurde aber immer wieder gestört. Entweder standen am Bahnende pausierende Schwimmer herum, so dass an der Wand kaum eine Lücke vorhanden war, um die Wende zu machen, oder ich schloss auf einen langsameren Schwimmer auf und in der Bahnmitte war kaum Platz frei zum Überholen. Immer wieder wurde ich in meinen Gedankengängen durch diese äußeren Umstände gestört, bis mir klar wurde, dass das egoistische Wahrnehmung ist. Mit absoluter oder wahrer Wahrnehmung betrachtet ist da nur Einer, und alles ist Eins.

Eins. Durch diesen Gedanken war ich unvermittelt im Gewahrsein des einen Willens, ohne dass wirklich eine Veränderung stattgefunden hätte, sondern die Dinge nur scheinbar in die richtige Perspektive gerückt worden waren. Ich betrachtete das genau gleiche Geschehen wie zuvor, aber völlig teilnahmslos aus einer inneren Distanziertheit, ohne emotionalem Anhaften irgendwelcher Art und schaute zu, wie *es* hin und her schwamm, nicht wie ich hin und her schwamm. Alles, was ich erfuhr, was sich vorher fest und wirklich angefühlt hatte, erschien jetzt wie in einem Fließen. Die Schwimmer, das Schwimmbecken, das Hallenbad, alles war wie in einem Fluss. Das einzig Wirkliche war der *eine* Wille. Das Gewahrsein des einen Willens fühlte sich vollkommen normal an, normaler als normal, so fest und verlässlich wie sonst nichts in der Welt sich je anfühlen kann. Bei einem einzigen Willen ist Konflikt unmöglich und absoluter Frieden herrscht. Der eine Wille ist meine Identität, unveränderbar, zeitlos, die eine erste Ursache vor mir, die absolute, unverrückbare Sicherheit. Der Geist ist vollkommen ruhig. Es gibt nichts zu denken. Alle Gedanken sind schon vorhanden. Es findet kein Ablauf statt. Vielmehr bewegt sich der Geist in den Gedanken. Würde das Hallenbad, die Welt, das Universum jetzt in diesem Gewahrsein des einen Willens kollabieren, aufhören zu fließen oder scheinbar zu sein, wäre das keine Veränderung.

Nach unbestimmter Zeit nahm der Geist die Tätigkeit des Denkens wieder auf und das Bewusstsein des Denkens überdeckte den einen Willen, so dass er aus dem Gewahrsein entschwand, wie wenn er vom Bewusstsein einer Wolldecke gleich zugedeckt würde, darunter aber weiterhin vorhanden sein muss. Ich war weiter am Kraulen, wie wenn nichts passiert wäre, zählte die Runden, bis das vorgesehene Streckenziel erreicht war und beendete das Training wie üblich. Aber was war das? Wie lange war ich von der Tätigkeit des Schwimmens abwesend gewesen? Fünf oder zehn Minuten? Warum bin ich nicht ertrunken? Es muss eine Erfahrung jenseits von Raum und Zeit gewesen sein. Die Tatsache, dass ich mich nicht verzählt hatte, weist darauf hin, dass ich keinen einzigen Augenblick vom Kraulen abwesend gewesen war.

Die Schilderung dieser Offenbarungserfahrung mag uns einen Einblick in einen zentralen Aspekt des Absoluten geben: der *eine* Wille, die Quelle allen Seins. In Wirklichkeit gibt es nichts anderes oder andersherum ausgedrückt, im Gewahrsein des einen Willens entbehrt alles andere jeder Wirklichkeit. Der eine Wille ist Ausdruck reiner Nichtdualität, reiner Nicht-Zweiheit. Im monotheistisch religiösen Kontext würden wir den einen Willen mit Gott gleichsetzen, wenn wir davon Abstand nehmen würden, uns ein Bild von Gott zu machen, was gemäß den zehn Geboten die ursprüngliche Idee war und ist. In der Vergangenheit sind wir an diesem Anspruch immer wieder gescheitert und haben die ursprüngliche Idee von Gott in vielfacher Weise instrumentalisiert und mit widersprüchlichen Bedeutungen ins Gegenteil verkehrt.

Logos, die erste Ursache

Das Johannes-Evangelium beginnt mit den Worten: „Im Anfang war Logos, und Logos war bei Gott, und Logos war Gott." In der deutschen Übersetzung steht natürlich nicht „Logos" wie im altgriechischen Quellentext, sondern „das Wort". Auch die Philosophie beschäftigt sich seit der Antike mit dem Begriff Logos im Sinne logischen Denkens als Gegenentwurf zum mythischen Denken. Eine philosophische Abhandlung wurde sogar unter dem Titel „Vom Mythos zum Logos" veröffentlicht.[2]

Der altgriechische Ausdruck *Logos* umfasst einen breiten Bedeutungsspielraum. Er kann als Sinn hinter Wort und Rede, als Vernunft, als Gesamtsinn der Wirklichkeit usw. verstanden werden. Der Wortteil „log" verweist auf den Ausdruck *Logik* und bezieht sich auf Folgerichtigkeit, auf eine der Vernunft zugänglichen Ordnung, auf die Wahrheit. Im Gegensatz zu dem von der christlichen Religion vermittelten widersprüchlichen Gottesbild verweist Logos schon vom Namen her auf Abstraktion und Widerspruchsfreiheit. Wenn wir anstelle von Gott für das Absolute den Begriff Logos verwenden, hilft es uns, vom christlich geprägten Gottesbild wegzukommen und Gott zu abstrahieren. Gott ist Logos und Logos ist Gott. Logos ist jenseits allen Lernens, denn Lernen bedeutet Veränderung. Logos ist Erkenntnis und Erkenntnis ist total. Alles andere gehört anderen Ebenen an, die in der Wirklichkeit Logos nicht existieren. Logos ist die erste Ursache.

Was aber macht Logos zur ersten Ursache und unterscheidet sich von allen anderen scheinbaren Ursachen? Die Antwort

---

[2] Zimmermann, 255

ist ganz einfach, weil sie logisch ist. Im Gegensatz zu allen anderen Ursache-Wirkungs-Beziehungen ist die erste Ursache eins mit ihren Wirkungen. Oder anders ausgedrückt, der Schöpfer ist eins mit seinen Schöpfungen, in unserem Fall mit Medeas Essenz. Die Schöpfungen oder Wirkungen besitzen in jedem Aspekt die gleichen Eigenschaften wie die erste Ursache, mit dem einzigen Unterschied, dass sie Wirkungen der ersten Ursache sind und sich nicht selbst hervorgebracht haben. Dieser Umstand stellt sicher, dass in Wirklichkeit nichts schief laufen kann, weil die erste Ursache unveränderlich und ewig Eins mit der gesamten Schöpfung ist. Alle Ursache-Wirkungs-Beziehungen, bei denen die Wirkung von der Ursache getrennt ist, gehören dem Reich des Bewusstseins an und widerspiegeln Dualität sowie Hierarchie.

Medeas Unsterblichkeit kombiniert mit meinem langjährigen Lernen und persönlichen Erlebnissen hat uns auf die Spur nach ihrer Herkunft, dem Reich Logos geführt, das im Asklepieion von Kos dem Tempel auf der obersten Ebene entspricht. Im Mythos ist Medea die Enkelin des Sonnengottes Helios. Die Sonne ist für unser Leben auf dem Planeten Erde die Lebensquelle. Daher könnte man weiter argumentieren, dass Medea von der Lebensquelle, vom Licht, das für Wahrheit steht, abstammt. Die vielgestaltige Welt der griechischen Götter hat außer in Erzählungen und Mythen kein Leben und ist deshalb im Gegensatz zu Logos im Reich des Bewusstseins einzuordnen. Einzig der Aspekt der Unsterblichkeit der Götter und damit verbundene wünschenswerte Eigenschaften wie Schönheit und Liebe weisen auf eine unpersönliche Essenz hin, die auch Logos zusteht.

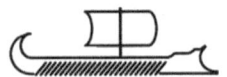

4. Medeas Verhängnis

Medea lebte im Königreich ihres Vaters Aietes, dem ursprünglich mythischen Wunderland Aia. Alsdann tauchte des Aisons Sohn Jason, der Held und Anführer des Argonautenzuges in Medeas Welt auf. Jason war beauftragt, das von Aietes gehütete Goldene Vlies, ein Widderfell, dessen Besitz Heil bringen oder Unheil abwenden sollte, nach Iolkos zu bringen. Aietes war aber nur bereit, das Goldene Vlies herzugeben, wenn Jason imstande war, schmerzliche Kämpfe zu bestehen. Hesiod berichtet nur kurz über diesen Ausschnitt der Argonautensage und lässt Medeas Rolle unerwähnt.

> Und die Tochter des gottgesegneten Königs Aietes führte des Aisons Sohn, dem Rat der Götter gehorsam, dem Aietes hinweg, nach schmerzlich bestandenen Kämpfen, zahlreichen, die das maßlose Wollen des Königs ihm auftrug, des vermessenen Pelias, des unersättlichen Frevlers. Viele Mühen bestand der Held, bis er endlich nach Jolkos kam, das Mädchen entführend auf schnellem Schiff. Und er machte sie, deren Auge ihm strahlte, zur blühenden Lagergenossin. Und sie gebar, von Jason bezwungen, dem Hirten der Völker, ihm einen Sohn: Medeios, den Chiron, der Philyride, im Gebirge erzog, da der Wille des Zeus sich erfüllte.[1]

Die vierte pythische Ode des Dichters Pindar aus dem Jahr 462 v. Chr. fasst in einem kurzen Gedicht die Argonautensage zusammen. Darin wird über Medeas maßgebliche Rolle bei der Bewältigung von Jasons Aufgaben berichtet. Jasons Fähigkeiten reichten nicht, um die ihm gestellten Aufgaben allein zu

---

[1] Hesiod, Theogonie, 992-1002

meistern. Erst die Hilfe der zauberkundigen Königstochter, die ihn liebt und der er die Ehe verspricht, ermöglicht es ihm, sein Ziel zu erreichen. Medea scheint sich bei Jasons erstmaligem Auftauchen Hals über Kopf in ihn verliebt zu haben. In den ältesten Fassungen führt ihr Einsatz für Jason zu keinem Zerwürfnis mit ihrem Vater. Jason führt Medea in die Fremde nach Iolkos, heiratet sie und sie freuen sich an ihrer Nachkommenschaft. Auch in der womöglich unabhängig davon entstandenen Weiterführung der Medea-Sage mit Schauplatz Korinth ist kein Zerwürfnis erkennbar. Im fragmentarisch überlieferten Epos *Korinthiaka* des Eumelos von Korinth aus dem achten Jahrhundert v. Chr. ist Korinth im Besitz von Aietes. Nachdem kein geeigneter Stadthalter mehr zu finden war, wird Medea aus Iolkos auf den Thron von Korinth berufen und gleichzeitig mit ihr wird Jason König von Korinth.[2]

Rufen wir uns wieder in Erinnerung, dass sich Mythen aus dem Unbewussten durch Inspiration manifestieren, so ist diese älteste Überlieferungsschicht als der ursprüngliche Ausgangspunkt der Medea-Sage zu deuten. Medea befindet sich zuhause im Reich Logos. Die Argonautensage dient dem Zweck, aus der Perspektive des Zuhörers einen Helden aufzubauen, in den sich zu verlieben gerechtfertigt erscheint. Der Held Jason lässt sich als Idee deuten, die in Medeas Geist auftaucht und etwas verspricht, das ihr anders als ihr gewohntes Leben erscheint, als etwas Neues, Unbekanntes, verbunden mit Abenteuer. Diese Idee allein hat keine eigene Existenz. Medea könnte sie gleich wieder als unmögliche Einbildung abtun. Doch Medea verliebt sich in die Idee und verleiht ihr durch ihre Geistesenergie, einer Zauberkraft gleich, eine scheinbare Existenz. Durch diesen Zaubertrick ersteht das Reich des Bewusstseins mit ungeahnten Möglichkeiten. Medea steht plötzlich vor einer

---

[2] von Fritz, 328

Entscheidung, etwas, das ihr in der reinen Nichtdualität Logos unbekannt war. Sie hat die Wahl, das Unbekannte weiter zu erforschen, indem sie sich mit ihrer Geisteskraft der Idee hingibt oder sie kann davon ablassen, der Idee ihre Energie wieder entziehen und zu Logos zurückkehren. Medea ist von Logos mit der vollkommenen Freiheit beseelt, zu tun, was immer ihr Herz begehrt. Dass die unsterbliche Medea sich mit dem sterblichen Jason verbindet, bedeutet, dass sie sich gegen Logos und für das Unbekannte entschieden hat.

Medea musste zum allerersten Mal in ihrer unsterblichen Existenz eine Entscheidung treffen, was für sie völlig überraschend und ungewohnt war. Sie musste sich schnell entscheiden, weil die eine Wahlmöglichkeit nur eine flüchtige Idee in ihrem Geist war. Sie wäre sogleich wieder verschwunden, hätte sie sich nicht dazu verführen lassen, sich dafür zu entscheiden, sondern einfach über die Unmöglichkeit gelacht, weil es in der Wirklichkeit reiner Nichtdualität Wahlmöglichkeiten nicht geben kann. Das Treffen von Entscheidungen führt unausweichlich zu Konflikten. Genau dies geschah in der formalen Weiterentwicklung der Medea-Sage bei den nachfolgenden Dichtern. Der Konflikt trat immer stärker zutage und führte in eine Abwärtsspirale, die vier Drehungen zu nehmen schien. Sehr anschaulich wird dies zum Beispiel im vierbändigen Argonautenepos des Apollonios von Rhodos aus dem dritten Jahrhundert v. Chr. geschildert. Was hier genau passiert, ist sehr gut erforscht und wird mit *kognitiver Dissonanz im Entscheidungsprozess* überschrieben.

Die Abwärtsspirale, 1. Drehung: kognitive Dissonanz

Ein unangenehm empfundener Gefühlszustand wird als kognitive Dissonanz bezeichnet. Er entsteht dadurch, dass ein Mensch mehrere Kognitionen (Wahrnehmungen, Gedanken,

Meinungen, Einstellungen, Wünsche oder Absichten) hat, die nicht miteinander vereinbar, also dissonant, sind. Derartige Zustände werden als unangenehm empfunden und erzeugen innere Spannungen, die nach Überwindung suchen. Der Geist befindet sich im Ungleichgewicht und ist bestrebt, wieder einen konsonanten Zustand – ein Gleichgewicht – zu erreichen. Der Begriff wurde 1957 von Leon Festinger geprägt, der sowohl die Entstehung als auch die Verminderung von kognitiver Dissonanz theoretisch formulierte. Seither wurde die zugrundeliegende Theorie in mehreren hundert Experimenten bestätigt. Sein Schüler Elliot Aronson hat die Theorie substanziell weiterentwickelt und empirisch untermauert. Es ist wahrscheinlich die wichtigste und provokanteste Theorie der Sozialpsychologie.[3]

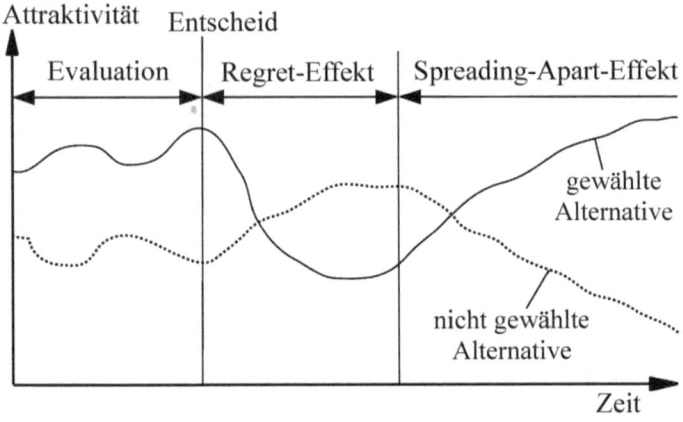

Abb. 3 Kognitive Dissonanz im Entscheidungsprozess

Der Entscheidungsprozess selbst kann in drei Phasen gegliedert werden. Vor dem Entscheid werden Alternativen evaluiert und der Konflikt beginnt sich aufzubauen, wenn sich unvereinbare positive Aspekte in die Alternativen aufteilen. Es beste-

---

[3] Aronson, 6.1.1

hen beispielsweise zwei Wahlmöglichkeiten, und jede hat etwas für sich, wir können aber nicht beide gleichzeitig haben, weil die Wahl für die eine, die andere ausschließt. In dieser Phase wird meist die maximale Dissonanz erfahren. Beim Entscheid wird die scheinbar attraktivere Alternative gewählt und die andere fallen gelassen.

Und sogleich kehrt sich die Attraktivität um, denn kurzzeitig nach Entscheidungen gewinnen positive Aspekte der nicht gewählten Alternative ein hohes Maß an Aufmerksamkeit. In der zweiten Phase erscheint die verworfene Alternative attraktiver als die gewählte und wir stehen in Dissonanz zum Entscheid, was als *Regret-Effekt* bezeichnet wird. Wir bedauern den Entscheid und die innere Spannung brodelt weiter vor sich hin, bis wir mittelfristig beginnen, das innere Gleichgewicht wieder herzustellen. Diese dritte Phase wird als *Spreading-Apart-Effekt* bezeichnet. Die gewählte Alternative wird mit Dissonanz-reduzierenden Strategien attraktiver gemacht, indem zum Beispiel negative Aspekte verdrängt werden, und die nicht gewählte wird abgewertet. Dadurch wird die Attraktivität der Alternativen auseinandergespreizt, um sie mit dem Entscheid in Übereinstimmung zu bringen.

Mit Medeas Verhängnis haben wir die Mutter aller Ursache-Wirkungs-Beziehungen aufgedeckt, bei der die Wirkung von der Ursache getrennt ist. Die Ursache ist der Glaube, dass zwischen Wirklichkeit und Fantasie eine echte Wahl besteht. Weil das aber nichts als Selbsttäuschung ist, folgt als Wirkung kognitive Dissonanz, der mit Dissonanz-Reduktion begegnet wird, um die Illusion der Wahl aufrecht zu erhalten. Diese drei Phasen im Entscheidungsprozess begegnen uns in vielfältiger Weise. Am häufigsten erleben wir kognitive Dissonanz bewusst nur als dritte Phase, weil der vorangegangene Entscheid weit zurück liegt. Wir wissen zum Beispiel, dass wir mit dem Verbrennen von fossilen Energieträgern durch Autofahrten und Flugreisen das Klima schädigen, und wenn wir darauf angesprochen werden, rechtfertigen oder entschuldigen wir uns oder bezweifeln den anthropogenen Klimawandel. Deshalb wird kognitive Dissonanz oft synonym mit Verdrängung oder Verleugnung verwendet.

2. und 3. Drehung: Schuld und Angst vor Logos

Bei Apollonios wird Medea vom leidbringenden Pfeil des Eros getroffen und entbrennt in Liebe zu Jason. Um das Goldene Vlies zu bekommen, muss Jason mit zwei feuerschnaubenden Stieren das Aresfeld pflügen, Drachenzähne sähen und die daraus hervorwachsenden Krieger töten. Medea fürchtet um sein Leben und in ihrer großen Verzweiflung wird sie gebeten, ein Zaubermittel gegen die Stiere bereitzustellen, was sie mit Freude der Erleichterung sofort zusagt zu tun. In der Nacht kommen ihr aber Zweifel und ihr Dilemma bricht vollends hervor. Wenn sie ihm hilft die Aufgaben zu bewältigen, stellt sie sich gegen ihren Vater Aietes und verrät damit ihre Familie. In ihrem Liebeskummer um den hergelaufenen Mann ringt sie sich durch, das Mittel bereitzustellen. Am Folgetag treffen sich Medea und Jason. Jason bittet um das Mittel und Medea erklärt in ihrer Aufregung mit umständlichen Formulierungen dessen Anwendung. Medea fragt Jason nach seiner Herkunft. Er entdeckt seine Gefühle für sie, erzählt ihr von seiner Heimat und bietet ihr an, sie mitzunehmen und zuhause zu heiraten. Gegen Abend trennen sie sich, ohne dass sich Medea entschieden hätte auf das Angebot einzugehen. Am nächsten Tag bewältigt Jason dank der Zaubersalbe, die ihn für einen Tag unverwundbar und unbesiegbar macht, die gestellten Aufgaben.[4]

Aietes zürnt ob des für ihn ungünstigen Ausgangs des

---

[4] Apollonios, 3. Buch (ganzer Absatz eigene Zusammenfassung)

Wettstreits und vermutet, dass dies nicht ganz ohne Zutun seiner Tochter geschehen sei. Medea bedauert ihre unüberlegte Entscheidung für Jason: „Wenn dich doch das Meer verschlungen hätte, Fremder, bevor du das Land der Kolcher erreichtest!" Aus Angst vor dem Zorn ihres Vaters flüchtet Medea zu den Argonauten. Sie nehmen sie auf, bieten ihr Schutz an und Jason verspricht ihr mit einem Eid bei den Göttern, ihr in seinem Haus in Hellas die Stellung einer rechtmäßigen Gattin zu verschaffen. Mit Medeas Hilfe kann Jason das von einem Drachen bewachte Goldene Vlies rauben, worauf sie mit dem Schiff übereilt aufs offene Meer hinaus flüchten.[5]

Apollonios Argonautenepos ist eine neu gedichtete Nacherzählung eines alten Mythos. Im Gegensatz zur ältesten bekannten Form befindet sich Medea hier in einem Dilemma. Dies bedeutet, dass Schuld in den Mythos Eingang gefunden hat, denn ohne Schuld kein Dilemma. Das Aufkeimen der Schuld entspricht der zweiten Drehung der Abwärtsspirale. Wir müssen uns bewusst sein, wo die Schuld ihren Ursprung hat und dazu die allererste je getroffenen Entscheidung genauer betrachten. Medea entscheidet sich gegen Logos und für ihr eigenes, selbsterdachtes Reich des Bewusstseins. Sie entscheidet sich gegen die Vernunft und für das Unbekannte. Kurz nach dem Entscheid mag sie den Verlust des Einsseins mit Logos massiv bedauert und daran gedacht haben, den Entscheid rückgängig zu machen. Doch die verführerische Idee, das Unbekannte weiter zu erforschen, schien die Überhand zu gewinnen. Nun ist es absolut unmöglich, die Wirklichkeit Logos auszulöschen, aber sie kann ins Unbewusste verdrängt werden. Genau dies schien eine der Dissonanz-reduzierenden Strategien gewesen zu sein. Damit wurde die Unwirklichkeit des Bewusstseins ins Gegenteil verkehrt. Was nicht wahr ist,

---

[5] Apollonios, 4.1-211 (ganzer Absatz eigene Zusammenfassung)

wurde zur Wahrheit erhoben, und die Wahrheit wurde abgewertet, was bedeutet, dass sie mit negativen Aspekten ausgestattet wurde. Die Wahrheit, die in Wirklichkeit vollkommen harmlos ist, wird in dieser verdrehten Sichtweise bedrohlich und muss gefürchtet werden, denn sie würde die Unwirklichkeit der gewählten Alternative aufzeigen. Daraus folgt ein Schuldgefühl für den Akt der allerersten Entscheidung sowie aller darauf folgenden.

All dies können wir in Apollonios Epos wiederfinden. Medea schwankt zwischen ihrer Leidenschaft für Jason und der Loyalität gegenüber ihrer Familie hin und her. Ihr Vater Aietes, der vom Lichtbringer Helios abstammt und symbolisch für Logos steht, wird ins Gegenteil verkehrt und des Zorns und der Rache befähigt. Er ist zu einen unberechenbaren und barbarischen Gewaltherrscher verkommen. Jason, der für das Unbekannte steht, erbittet Medeas Hilfe, um weiter existieren zu können. Medea gewährt die Hilfe in der Annahme, dass sie sich noch nicht definitiv für Jason entschieden hatte. Doch einmal in Gang gesetzt, nehmen die Dinge ihren Lauf. Medea wird sich am Verrat an ihrer Familie bewusst und fühlt sich schuldig. Aus Furcht vor dem Zorn ihres Vater schließt sie sich den Argonauten an und ergreift mit ihnen die Flucht. Symbolisch flieht sie vor der Wahrheit. Die Angst vor der Wahrheit, vor Logos oder Gott entspricht der dritten Drehung der Abwärtsspirale.

4. Drehung: Bindung an das Verhängnis

In Apollonios Fortsetzung der Argonautika befiehlt Aietes der kolchischen Flotte die Verfolgung aufzunehmen und die Verräterin zurückzubringen. Das Vlies scheint ihn nicht mehr zu interessieren. Eine Abteilung der Kolcher unter dem Kommando von Medeas Bruder Apsyrtos kann die Argonauten stellen.

Sie vereinbaren die Übergabe Medeas. Als sie davon erfährt, stellt sie Jason zur Rede, erinnert ihn an seine Eide und verlangt vom ihm beschützt oder andernfalls sogleich mit dem Schwert getötet zu werden. Schockiert von Medeas Worten gesteht er ihr ein, dass ihm die Abmachung auch nicht gefällt und sie in erster Linie dazu dient, Zeit zu gewinnen, denn gegen die Übermacht der Kolcher hätten sie keine Siegeschance. Medea ersinnt eine List, um sich mit Apsyrtos allein treffen zu können, derweil Jason ihm in einem Hinterhalt auflauern und ihn töten kann. Der Plan geht auf. Die Argonauten können ein Schiff der führungslosen Kolcher bezwingen und dem Rest der kolchischen Flotte entkommen.[6]

Die ursprünglich harmlose Idee, das Unbekannte zu erforschen, entwickelt eine Eigendynamik und beginnt sich gegen die eigene Macherin zu richten. Die Phantasie der Verliebtheit wendet sich in einen Albtraum. Medea wird immer deutlicher bewusst, auf was sie sich eingelassen hat. In ihrer Verzweiflung lässt sie sich auf Dinge ein, die sie bei klarem Verstand nie und nimmer getan hätte. Ihr Held und Beschützer Jason entpuppt sich als Schwächling, der nur dank ihrer Zauberkraft überlebensfähig ist. Durch die Schuld, die sie sich durch die Ermordung ihres Bruders auflädt, verunmöglicht sie in der Wahrnehmung ihrer selbst eine Heimkehr umso mehr, weil sie den grenzenlosen Zorn ihres Vater fürchten und mit Bestrafung rechnen muss, wenn nicht gar mit der Verbannung ins Haus des Hades. Die starke Bindung an das Verhängnis ist die vierte und letzte Drehung in der Abwärtsspirale.

Medea befindet sich in der dritten Phase im Entscheidungsprozess. Die verworfene Alternative wird immer bedrohlicher, während die gewählte im Kontrast dazu wohl oder übel besser auszusehen scheint, obwohl es genau gesehen nur noch ums

---

[6] Apollonios, 4.212-506 (ganzer Absatz eigene Zusammenfassung)

Überleben geht. Und genauso geht Medeas Fahrt mit den Argonauten einer Odyssee gleich weiter, bis sie schlussendlich ihr Ziel in Iolkos erreichen. Während sich Apollonios bei der Rückfahrt nach Iolkos stark an der homerischen Odyssee zu orientieren scheint, erzählen frühere Dichter von anderen Fahrtrouten. Für unsere Betrachtungen spielt das aber keine Rolle und würde nicht zu anderen Deutungen der Medea führen.

Medeas Aufenthalt in Iolkos ist bei Hesiod von keinem Konflikt geprägt. Jason und Medea heiraten und freuen sich an ihrer Nachkommenschaft. Bei den nachfolgenden Dichtern findet das Motiv der Schuld Einlass in die Erzählung. König Pelias hatte Jason mit einer scheinbar unlösbar schwierigen Aufgabe losgeschickt, offensichtlich um ihn loszuwerden. Wie von anderen fiesen Herrschern aus Märchenerzählungen bekannt, erscheint es nun durchaus als legitim, dass er für sein frevelhaftes Verhalten einer angemessenen Strafe zugeführt werden soll. Diese Aufgabe wird Medea zugeschrieben und findet schon bei Pindar Erwähnung. Sie überredet Pelias Töchter, an ihm einen Verjüngungszauber vorzunehmen. Sie zerstückelt einen alten Widder, kocht die Stücke in einem Kessel und es springt ein Lamm heraus. Danach zerschneiden die Königstöchter ihren alten Vater, kochen die Stücke in einem Kessel, aber das Vorhaben misslingt, da Medea den Töchtern das Geheimnis des Zaubertricks vorenthalten hatte.[7] Die Figur der Medea wird dadurch zumindest mit hinterlistigem Verhalten in Verbindung gebracht, wenn nicht gar mit Schuld aufgeladen, womit ihre weitere Anwesenheit in Iolkos in Frage gestellt ist.

---

[7] Pindar, 91; von Fritz, 327

Die Geschichte wiederholt sich

Die ursprünglich ehrenvolle Berufung auf den korinthischen Thron wird bei den späteren Dichtern eher in eine Flucht umgedeutet. In Korinth erreicht die Medea-Sage ihren tragischen Höhepunkt: alle Kinder Medeas kommen zu Tode. Weil der Vater der Kinder zu den Sterblichen gehört, sind auch die Kinder sterblich. In der ältesten Version versucht Medea die Kinder unsterblich zu machen. Dieses Motiv begegnet uns auch bei Thetis, die ihren Sohn Achilles, den späteren Helden im Kampf um Troja, mittels eines Rituals versucht, unverwundbar und unsterblich zu machen. Eines Nachts wird sie während des Rituals von ihrem Gatten Peleus überrascht. Dieser gerät aus Empörung über ihr Tun außer sich, Thetis ergreift die Flucht und verlässt die Familie. Achilles verbleibt einzig noch die Ferse als verletzliche Stelle.

Medea bringt ihre Kinder nach der Geburt in den Heratempel und wendet ihre Zauberkunst auf sie an. Das Vorhaben misslingt, und anders als bei Thetis kommen die Kinder dabei ums Leben. Ihre Ehe zerbricht und getrennt verlassen sie Korinth. In einer späteren Version soll Medea und ihre Kinder von den Korintherinnen getötet werden. Auf ihrer Flucht nach Athen muss sie ihre Kinder zurücklassen. Sie fliehen an den Altar der Hera, werden aber trotzdem getötet. Daraufhin sendet Hera eine Seuche nach Korinth. Um die Schandtat am Heiligtum zu sühnen, müssen sich jedes Jahr sieben vornehme Jünglinge und Jungfrauen dem Dienst im Tempel der Hera in Korinth weihen. In einer weiteren Version tötet Medea König Kreon. Vor der Rache der Korinther flieht sie nach Athen. Auf ihrer übereilten Flucht lässt sie ihre Kinder im Heratempel zurück. Sie werden von Kreons Verwandten aufgegriffen und getötet. Um dem Makel der Tat zu entgehen, hätten die Korinther das Gerücht in Umlauf gesetzt, Medea habe ihre Kinder selbst getötet.[8] Bei Euripides verstößt Jason Medea, um die Tochter des Königs Kreon ehelichen zu können. Aus Rache an Jason bringt Medea ihre Nebenbuhlerin um. Dabei stirbt auch Kreon. Ihre Kinder tötet sie eigenhändig, um Jason seiner Nachkommenschaft zu berauben. Euripides mag sich bei diesem Motiv an Achilles erinnert haben, der sich in der Ilias bei Priamos über fehlende Nachkommenschaft beklagt.

Wirkungen in der Gegenwart

Bis zum tragischen Höhepunkt des Dramas begegnen uns drei Handlungsorte: Kolchis (Aia), Iolkos und Korinth. Jeder dieser Orte hat einen bestimmten Bedeutungsschwerpunkt. Zuerst befindet sich Medea zuhause im mythischen Wunderland Aia bei ihrer Familie. Sie und ihre Familie stammen von Göttern ab und sind unsterblich. Dieser Ort entspricht dem Paradies und einem Sein in Vollkommenheit im Reich Logos. Unvermittelt taucht in Medeas Geist wie von einem Pfeil getroffen eine Idee auf, die anders ist als alles, was sie kennt, verkörpert durch den Helden Jason. Sie verliebt sich in die Idee und aus Neugier lässt sie sich auf den unbekannten Gedanken ein. Sie folgt dem Gedanken und erschafft mit ihm ihr eigenes Reich, was im Mythos ihrer Ehe mit Jason in Iolkos und dem daraus entsprungenen Sohn Medeios entspricht. So weit so gut, war das doch die ursprüngliche Idee. Zwischen diesen beiden Handlungsorten ist Medea aber eine Entscheidung abgerungen worden, zuerst vielleicht auch nur ohne bestimmte Absicht und beinahe unbewusst. Sie hat jedoch die Abwärtsspirale in Gang gesetzt.

Um ihr eigenes Reich erstehen zu lassen, musste sie sich gegen das Gewahrsein der Wirklichkeit entscheiden. Es musste ins Unbewusste verdrängt werden, hatte sich damit aber in

---

[8] von Fritz, 328 f.

der Wahrnehmung Medeas in sein Gegenteil verkehrt und scheint Medeas eigenes Reich zu bedrohen. Ab diesem Punkt wendet sich die ursprünglich harmlose Idee gegen die Macherin und entwickelt eine Eigendynamik um des eigenen Überlebens willen. Hierzu wird der Charakter der Medea durch den Brudermord mit Schuld aufgeladen, um die Bindung an das Verhängnis zu verstärken. Die Geister, die sie gerufen hat, wird sie nicht mehr los, wenden sich gegen sie und verfolgen sie. Dieses Motiv kennen wir zum Beispiel auch aus Goethes Zauberlehrling. Der Racheakt am frevlerischen Pelias scheint den Konflikt weiter anzuheizen, so dass sich Medea veranlasst sieht, alles hinter sich zu lassen und einen Neuanfang in Korinth zu wagen. Doch auch hier nimmt das Verhängnis seinen unbarmherzigen Verlauf und sie verliert alles, was ihr lieb und teuer ist.

Der Medea-Mythos ist keine persönliche Geschichte, sondern unsere kollektive Geschichte, die sich aus dem kollektiven Unbewussten manifestiert hat. Wir können dies an verschiedenen Aspekten des Mythos festmachen. Medeas erste Entscheidung gegen Logos war unser kollektiver Entscheid. Wir haben gesehen, dass er nach dem dreiphasigen Muster der kognitiven Dissonanz beim Entscheidungsprozess abgelaufen ist. Das ist der Prototyp aller Entscheidungen; alle folgenden laufen nach dem gleichen Muster ab, wie uns die Sozialpsychologie mit ihrer Theorie der kognitiven Dissonanz aufzuzeigen vermag. Sie ist die wahrscheinlich wichtigste Theorie der Sozialpsychologie und empirisch fundiert belegt.

Medeas erste Entscheidung war die Wahl gegen ihre eigene Wirklichkeit. Dadurch nimmt Logos eine bedrohliche Erscheinung an, symbolisiert durch Medeas Vater Aietes, der in Zorn entbrannt die Verfolgung seiner Tochter befiehlt. Einerseits liegt hierin die tiefste Ursache für ausnahmslos alle unsere Albträume, ungeachtet der Form, die sie anzunehmen scheinen, andererseits begründet sich darin die Angst vor Gott, wie sie im christlichen Abendland weitverbreitet war oder noch immer ist. Wir fürchten uns also vor unserer eigenen Wirklichkeit, was paradox erscheint, doch die Erkenntnis der Wahrheit würde die Identifikation mit unserer vorübergehenden Existenz in dieser Welt auslöschen, was uns schlimmer als der Tod erscheint. Deshalb tun wir alles nur Erdenkliche, um der Natur unseres wahren Seins auszuweichen. Wir üben uns in Dissonanz-Reduktion und befinden uns vorwiegend in der dritten Phase im Entscheidungsprozess. Wer diesen Mechanismus einmal durchschaut hat, wird ihn überall wiedererkennen: in unserem persönlichen Verhalten, in Beziehungen, in der Politik, überall!

Der Medea-Mythos begegnet uns wie die Geschichte der verlorenen Tochter. Durch den Verrat an ihrer eigenen Familie und dem Brudermord wird aufgrund der damit einhergehenden Schuld quasi sichergestellt, dass Medea dem Verhängnis treu ergeben bleibt und eine Rückkehr aus Furcht vor Bestrafung unattraktiv erscheint. Ersichtlich ist dies zum Beispiel in der Literatur und im Schauspiel mit ihren unzähligen Dramen und Tragödien, die beim Publikum seit der Antike immer auf große Resonanz gestoßen sind, denn sonst gäbe es dieses Genre gar nicht. Es ist aber wichtig zu verstehen, dass wir nicht aus dem Paradies vertrieben wurden und der Sündenfall nie stattgefunden hat, sondern lediglich eine Fehlwahrnehmung unserer selbst ist. Um einen Weg aus diesem Konflikt zu finden, müssen wir uns über die Natur des Verhängnisses, das sich scheinbar gegen uns gewendet hat, genauestens klar werden.

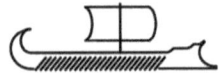

5. Die Natur des Verhängnisses

Um die Kräfte zu verstehen, die unser Denken und Handeln bestimmen, müssen wir ergründen, was den Menschen antreibt. Dieser Frage ist auch Francis Fukuyama in seinem bemerkenswerten Buch *Das Ende der Geschichte. Wo stehen wir?* nachgegangen. Er verfolgt die These, dass mit dem Erreichen der liberalen Demokratie die endgültige Staatsform verwirklicht ist. In ihr werden der Drang nach Freiheit und die Bestätigung des Selbstwertgefühls durch andere am besten erfüllt. Als wesentliche Hilfe auf dem Weg zur Demokratie werden die Naturwissenschaften und deren Anwendung in Form von Produkten und Verfahren gesehen, die uns ein angenehmeres Leben bescheren. Die Geschichte auf dem Weg zur Demokratie ist geprägt von kriegerischen Auseinandersetzungen, in denen es oft um den Kampf um Anerkennung geht. Den Antriebsfaktor dahinter benennt Fukuyama mit dem altgriechischen Ausdruck *thymós*. *Thymós* entspricht dem emotionalen Bedürfnis des Menschen nach Anerkennung durch andere. In der Form des *Megalothymia* – dem Wunsch, von anderen als überlegen anerkannt zu werden – kann der Grund für viele Kriege gesehen werden. Fukuyama betrachtet die liberale Demokratie als geeignetes Mittel, um Megalothymia in *Isothymia* zu kanalisieren. Isothymia entspricht dem Bedürfnis, von anderen als gleich anerkannt zu werden.

Die liberale Demokratie kann Megalothymia aber nicht vollständig zum Verschwinden bringen. Als Ersatz für den Kampf um Überlegenheit dienen andere Tätigkeiten wie Sport, beispielsweise Fußball. Wenn wir uns mit einer Mannschaft identifizieren und sie gewinnt, können wir dieses Überlegenheitsgefühl erfahren. Begleitend zu den Fußballspielen können

wir direkt sehen, wie Megalothymia von den Fangruppen aus-
gelebt wird, wenn sie aufeinander losgehen. Ohne den geziel-
ten Einsatz von Ordnungskräften würde es wie in Kriegen zu
Verletzten und Toten kommen. Die liberale Demokratie wirkt
für viele nur schwach identitätsstiftend. Als Identitätsersatz
mag die Religion oder das Sektenwesen dienen. In jungen De-
mokratien kann die Sehnsucht nach starken Autoritäten aufkeimen und autoritäre Regimes befördern. Hinter jeder Form der
Autokratie und des Fundamentalismus verbirgt sich Megalothymia, denn in einer abgeschlossenen Gruppe kann das Überlegenheitsgefühl, besser als andere und besonders zu sein, gut
kultiviert werden.

Die Spaltung des Geistes

Zu den ältesten schriftlichen Quellen, die von *thymós* sprechen, gehören die homerischen Epen. Kurt Steinmann beschreibt die Problematik beim Übersetzen mit den folgenden
Worten: „Die homerischen Menschen kannten (…) ihren Körper nicht als Körper, sondern nur als Summe von Gliedern,
und sie kannten auch das Ganze der Seele nicht – *psyche* ist
dort stets die ‚Totenseele'. Sie kannten nur getrennte Seelenor-
gane, die sich nicht prinzipiell von Körperorganen unterschei-
den. Dabei bezeichnet *thymós* das geistig-seelische Organ, das
Regungen verursacht, ist also der Sitz des Emotionalen, während *noos* dasjenige Organ ist, das Vorstellungen aufnimmt,
also mehr Sitz des Intellektuellen ist. Aber die Grenze zwischen *thymós* und *noos* lässt sich nicht scharf ziehen."[1]

Die geistig-seelische Ebene scheint zweigeteilt zu sein.
Dieser Aspekt ist uns bereits in den vielsagenden Worten be-
gegnet, die Achilles zu Priamos spricht, als er von den zwei
Tonkrügen redet, die in der Halle des Palastes von Zeus ste-

---

[1] Homer, Odyssee, 383

hen. Bei Apollonios Medea zeigt sich dieser Aspekt, als sie vom leidbringenden Pfeil Eros getroffen wird und sich der Verstand verflüchtigt. Die Zweiteilung der geistig-seelischen Ebene in einen emotionalen Teil – *thymós* – und einen rationalen Teil – *noos* – ist die Folge des allerersten Entscheids gegen Logos. Der Glaube, dass es Wahlmöglichkeiten geben könnte, führte zu innerer Spannung und begründete die Entstehung der kognitiven Dissonanz. Unser kollektives Verhängnis, repräsentiert durch Medea, war, dass wir einer fremden Idee unsere Aufmerksamkeit geschenkt, ihr dadurch zu einer scheinbaren Existenz verholfen und uns mit ihr identifiziert hatten. Das war die Geburt und die Anerkennung von *thymós*.

Um *thymós* zu einer scheinbaren Existenz zu verhelfen, mussten wir unsere Wirklichkeit verdrängen, was zu einer Spaltung des Geistes führte. Wir erkannten das Einssein mit Logos nicht mehr, sondern waren uns nur noch unseres eigenen Machwerks bewusst. Das Verlustgefühl des Einseins muss unerträglich gewesen sein. Jedes Verlustgefühl, das wir in unserer menschlichen Existenz erfahren, ist darauf zurückzuführen. Als Abhilfe wurde der Konflikt und damit der größte Teil des Geistes ins Unbewusste verdrängt. Durch diese zweite Spaltung des Geistes nahm *thymós* eine Eigendynamik an, die sich gegen die eigenen Macher zu richten begann. Wer sich eingehend mit dem Thema beschäftigt hat, wird beipflichten, dass wir nicht Herr im eigenen Hause sind und zu einem wesentlichen Teil vom Unbewussten beherrscht werden. Da sich *thymós* womöglich nicht scharf von *noos* abgrenzen lässt, benennen wir die fremde Idee, welche mit verschiedenen Aspekten von *thymós* weitgehend deckungsgleich ist und zum überwiegenden Teil im Unbewussten liegt, mit dem griechischen Ausdruck für „Ich": Ego. Eine starke Identifikation mit dem Ego entspricht somit in etwa dem Megalothymia.

Die Erinnerung an Logos ist indes nicht vollends aus unserem Bewusstsein verschwunden. Wir sind nicht komplett dem Wahnsinn des Ego verfallen. Logos kann zwar nicht in unser Bewusstsein eindringen, weil Logos Bestimmtheit und Erkenntnis ist, das Reich des Bewusstseins hingegen auf Unbestimmtheit begründet zu sein scheint. Logos und Bewusstsein schließen sich gegenseitig aus. Wir sind uns aber alle im klaren, dass wenn wir unsere Emotionen erfolgreich ruhen lassen, dass wir zu Vernunft und liebevollem rationalen Verhalten fähig sind. Ein Teil unseres Geistes steht unverrückbar mit Logos in Verbindung. Das zeigt sich, wenn wir bei Entscheidungen auf unsere Intuition hören und es zu Resultaten führt, die für alle Beteiligten am besten sind. In der Tat ist es so, dass alle anderen Entscheidungen von Unsicherheit geprägt sind, weil wir praktisch nie alle Informationen haben, die ein unfehlbares Urteil erlauben würden. Daraus lässt sich der Schluss ableiten, dass in unserem Bewusstsein eine Instanz vorhanden sein muss, die nicht dem Ego untersteht und alles durchschaut und überblickt, sogar die Gesamtheit des Unbewussten. Sie ist ununterbrochen auf Logos ausgerichtet und leuchtet wie ein Licht der Wahrheit in unserem Geist. Sie ist die unauslöschbare Erinnerung an die Wahrheit. Sie ist der rationale Teil unseres Geistes und kann im *noos* ihren Ausdruck finden, umfasst möglicherweise aber mehr als *noos*. Deshalb benennen wir sie mit dem altgriechischen Ausdruck für „Erinnerung": Anámnesis.

Die Stimme der Intuition scheint nur eine schwache Stimme zu sein, die oft im Geschrei des Ego untergeht, weil wir unseren individuellen Willen durchsetzen wollen. Identifiziert mit dem Ego stehen wir in dauerndem Wettbewerb mit anderen „Egos". Das Ego steht für das Konzept der Ichbezogenheit, das sich von allem abgrenzen muss und auf Anerkennung angewiesen ist. Eine besonders exklusive Form der Anerkennung finden wir in der besonderen Liebesbeziehung. Die besondere

Liebesbeziehung an sich wäre nicht das Problem, wenn wir sie nicht in dem Sinne mit Schuld beladen würden, dass sie uns Glück schuldet. Anámnesis stellt in allen Aspekten das Gegenteil zum Ego dar. In ihr liegt die Quelle des Glücks, das wir in allumfassender Liebe mit allen teilen können. Die folgende nicht abschließende Aufzählung benennt ein paar dieser gegensätzlichen Eigenschaften.

Ego	Anámnesis
Selbstverleugnung	Erinnerung der Wahrheit
Irrationalität	Vernunft
Emotionalität	Empathie
Individualität	Einssein
exklusive Liebe	bedingungslose Liebe
Urteilen	Intuition
Chaos	Ordnung
Unstetigkeit	Sicherheit
Angst, Schuld, Ärger	Friede, Harmlosigkeit
Langeweile	Glückseligkeit
Argwohn	Dankbarkeit

Die Natur des Verhängnisses scheint im Ego zu liegen. Es scheint nur so zu sein, weil das Ego aus sich heraus keine Existenz besitzt. Erst durch Medeas Interesse, ihrer Neugier am Unbekannten und ihrem Entscheid dafür, was letztlich unserem kollektiven Entscheid entspricht, nahm das Ego durch die Kraft unseres Geistes eine scheinbare Existenz an. Logos ist das ewige Leben. Das Ego steht in Opposition zu Logos und ist folglich der ewiglich sich wiederholende Tod. Nur funktioniert das mit dem Tod nicht wirklich, denn wir haben wissenschaftlich fundierte Belege gesehen, die nahelegen, dass Bewusstsein ein nichtlokales Phänomen ist. In der Welt des Ego dreht sich also alles im Kreis. Denn egal, was wir im Leben erreichen, am Ende ist alles wieder weg. Es ist die unendliche Wiederholung des immer Gleichen, wenn auch die Erscheinungen der Form mannigfaltige Variationen anzunehmen scheinen. Wir können das Erleben, wenn wir ganz unterschiedliche Menschen auf der ganzen Welt gründlich kennen lernen und durch die kulturellen Unterschiede hindurch zum Kern des Wesens vorstoßen. Im Kern tragen wir alle denselben Konflikt mit uns herum, dem wir mit Dissonanz-Reduktion begegnen, um unsere Identifikation mit dem Ego aufrecht zu erhalten. Der einzig wirkliche Unterschied besteht in der Stärke der Identifikation mit dem Ego, oder andersherum in der Bereitwilligkeit, die kognitive Dissonanz ungeschönt zu betrachten, um sie durch Anámnesis auflösen zu lassen. Bei starker Ego-Identifikation werden wir das nicht sehen wollen.

Aufgrund der Wiederholung des immer Gleichen ist die Welt des Ego mit Langeweile gleichzusetzen, der mit einer schier endlosen Liste von Ablenkungen begegnet wird. Wenn uns die Wiederholung des immer Gleichen zu langweilen beginnt, keimt die Bereitwilligkeit, die Dinge zu hinterfragen. Wir beginnen zu spüren, dass etwas nicht stimmen kann, dass es noch etwas anderes geben muss als die Wirklichkeit der Welt, wie sie uns tagtäglich vor Augen geführt wird. Irgendwo in uns ist eine schwache Erinnerung verblieben, die wieder hervortritt. Wir können aber meistens nicht benennen, um was es sich handelt. Und hier beginnt die Suche nach der Wahrheit.

Die Spaltung des Geistes in zwei gegensätzliche Seiten können wir selber direkt erfahren. Einerseits gibt es Zeiten, in denen wir mit uns und der Welt in Frieden sind, andererseits können wir uns über irgendetwas Unbedeutendes aufregen und Ärger empfinden oder uns schuldig fühlen. Die Momente des Friedens können sehr tief gehen und uns etwas von unserem ursprünglichen Zustand vermitteln. Wir können ein Gefühl des Einsseins erfahren, zum Beispiel das Verschmelzen mit einer angenehmen und auf hohem Niveau herausfordernden Tätigkeit. In diesem Fall sprechen wir vom *flow*-Erleben. Das sind aber immer nur vorübergehende Zustände. Früher oder später holt uns die Ego-Seite wieder ein, denn was im Unbewussten vor sich hin gärt, muss zwangsläufig seinen Ausdruck finden. Was wir verdrängt haben und nicht sehen wollen, ist metaphorisch ausgedrückt Medeas Verrat an ihrer Familie und die Schuld am Brudermord. Dieser Konflikt, scheinbar gegen Logos gesündigt zu haben, hat in unserem Unbewussten immense Schuld hinterlassen.

Die Dynamik der unbewussten Schuld

Unbewusste Schuld und Selbsthass sind die Basis des Ego-Denksystems. Sie haben zwei unterschiedliche Auswirkungen auf unsere Gedankenwelt. Die eine Variante können wir mit Externalisieren bezeichnen. Die Schuld wird auf andere abgeschoben. Das Bewusstsein schränkt sich dabei stark ein und fokussiert sich auf Objekte, die sich als Projektionsfläche eignen. Alles, von der kleinsten Irritation bis zur größten Form der Gewaltanwendung, kann auf diesen Mechanismus zurückgeführt werden. Wenn wir uns über jemanden ärgern, dann hat er nicht genau die Rolle erfüllt, die wir ihm zugewiesen haben, und machen ihn für unsere Fehleinschätzung verantwortlich, indem wir ihn für schuldig erklären. Die Objekte unseres Hasses können auch unpersönlicher Natur sein und Firmen oder Organisationen treffen, mit deren Geschäftsgebaren wir aus – wie wir meinen – „gerechtfertigten" Gründen nicht einverstanden sind.

In der anderen Variante richtet sich der Konflikt der unbewussten Schuld gegen uns selbst, und das benennen wir mit Internalisieren. In diesem Fall haben wir weniger ein Problem mit den anderen, sondern mit uns selbst. Wir nehmen zum

Beispiel andere zum Maßstab, schneiden im Vergleich schlechter ab und fühlen uns minderwertig. Oder wir verurteilen uns immer wieder selbst, weil wir Fehler machen oder etwas nach eigenem Urteil nicht richtig verstanden haben und machen uns deswegen gewohnheitsmäßig selber fertig. Wenn wir im Leben keinen Erfolgt haben oder keine Orientierung finden und uns in der Folge negative Gedanken über uns selbst machen, können wir in eine Spirale negativer Gedanken geraten und depressiv werden. Wenn wir jemandem etwas versprochen haben und aus irgend einem Grund unsere Abmachung nicht einhalten können, fühlen wir uns schuldig. Die Dynamik des Ego-Denksystems zeigt sich anschaulich im Internalisieren und Externalisieren der unbewussten Schuld.[2]

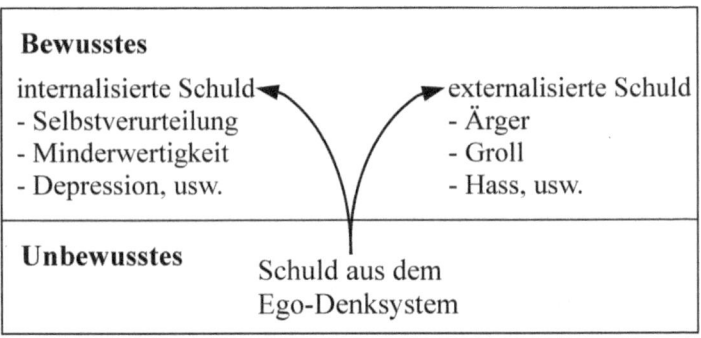

Abb. 4 Dynamik des Ego-Denksystems

Aus meiner Studienzeit sind mir die etwas provokativ verkürzten Unterschiede im Verhaltensmuster zwischen Männern und Frauen in Erinnerung geblieben. Männer neigen eher dazu, den Konflikt nach außen zu tragen. Wenn es zur Eskalation kommt, landen sie im Gefängnis. Frauen neigen eher dazu, den Konflikt auf sich selbst zu beziehen. Wenn sie psychopathologische Symptome entwickeln, landen sie in der Psychia-

---

[2] Kenneth Wapnick, Q&A #1221, www.facimoutreach.org

trie. Bei Medea selbst wollen wir davon absehen, sie in eine der beiden Kategorien einzuteilen, weil es sich bei ihrem Mythos nicht um ein persönliches Schicksal handelt, sondern um eine Metapher für unsere kollektive Geschichte, die ursächlich hinter allen Verhaltensmustern steht und die scheinbare Existenz des Ego hervorgebracht hat.

Selbstbestrafung

Eine der seltsamsten Blüten der unbewussten Schuld ist jede Form von Krankheit, auf die wir in unserem eingeschränkten Bewusstseinszustand aber keinen direkten Einfluss haben. Weil wir uns schuldig fühlen, fürchten wir Bestrafung. Im wahnsinnigen Ego-Versuch, die Strafe für unsere eingebildete Schuld zu mindern, wählen wir Selbstbestrafung durch Krankheit. Niemand wählt eine Lungenentzündung hier in der Welt. Die Wahl geschieht, wenn wir nicht mit einem physischen Körper identifiziert sind und uns dem vollen Ausmaß des Grauens bewusst sind. In diesem Zustand erscheint uns die Flucht in einen Körper als das kleinere Übel, um dem unerträglichen Gefühl der metaphysischen Schuld zu entgehen, auch wenn eine leidvolle menschliche Existenz in Aussicht steht.

Als Beispiel für Selbstbestrafung auf kollektiver oder gesellschaftlicher Ebene kann Krebs gesehen werden. 1931 wurde der Nobelpreis für Medizin und Physiologie Dr. Otto Warburg verliehen. Vereinfacht ausgedrückt konnte er zeigen, wie sich der Stoffwechsel von Körperzellen in saurer und sauerstoffarmer Umgebung verändert und zu unkontrolliertem Zellwachstum führen kann. Andersherum können Krebszellen in basischer und sauerstoffreicher Umgebung gar nicht existieren und sterben ab. Krebs ist folglich gar keine Krankheit, sondern ein Symptom und kann leicht geheilt werden. Eine Ursache spiegelt sich sogar in unserem Sprachgebrauch, wenn wir sagen, dass wir auf jemanden sauer sind. Wir versuchen die Schuld abzuschieben, richten sie aber gegen den eigenen Körper und machen ihn sauer. Aus Sicht der Schulmedizin ist Krebs eine gravierende Krankheit mit kostspieligen und leidvollen Behandlungsmethoden und hoher Mortalität. Gäbe es keinen Krebs, würde eine andere Krankheit auf den Plan treten, damit sich die unbewusste Schuld aus dem Ego-Denksystem manifestieren könnte.

Flucht aus der Gegenwart

Die aufgeführten Beispiele stellen Versuche dar, die kognitive Dissonanz zu verringern, ohne dass wir uns mit der Ursache beschäftigen müssen. Viele von uns mögen die Ursache gar nicht angehen, denn irgendwo ahnen wir, dass wir damit unsere Individualität infrage stellen würden. Wir lieben es aber, individuell und besonders zu sein. Und so schweifen wir gerne in die Vergangenheit ab oder machen Pläne für die Zukunft. Das Ego-Denksystem dreht sich zu einem großen Teil um alles andere als die Gegenwart. Die Beschäftigung mit der Vergangenheit ist ein Lieblingsthema des Ego. Entweder wird die Vergangenheit überhöht und wir lieben es, die Gegenwart zu beklagen, weil früher alles besser war. Oder wir werden uns bewusst, was wir alles verpasst haben oder hätten besser machen können. Dann malen wir uns in Gedanken aus, wie es hätte anders sein können.

Da wir die Vergangenheit nicht ändern können, wenden wir uns der Zukunft zu und malen uns aus, wie es einmal sein könnte, was wir im nächsten Leben alles anders machen würden. Bei diesen Gedankenspielen wird vollständig ausgeblendet, dass wir uns genau in der Situation befinden, in der wir uns erfahren, weil wir vor etwas geflohen sind. So wie Medea alles hinter sich lassen wollte, um in Korinth ein neues Leben zu beginnen, sind wir vor dem unangenehmen Schuldgefühl aus dem Geist in eine geistlose Welt der Form geflohen. Das Abschweifen weg von der Gegenwart ist ein untrügliches Zeichen, dass sich der Geist langweilt und sich nicht mit dem eigentlichen Problem auseinandersetzen will. Dieses kann nur in der Gegenwart angegangen werden und entspräche dem Auflösen der Ursache der kognitiven Dissonanz.

Die dem Ego-Denksystem zugrunde liegende unbewusste Schuld ist eingebildet, genauso wie die Individualität, und wenn das eine fallen gelassen wird, verschwindet auch das andere. Deshalb versuchen wir der Schuld mit zwei Strategien auszuweichen: durch Externalisieren/Internalisieren und durch Abschweifen in die Vergangenheit/Zukunft. Dabei dreht sich alles im Kreis, was zwangsläufig Langeweile nach sich zieht, der mit Ablenkungen begegnet wird. Mit der fortschreitenden Digitalisierung können wir beobachten, wie sich das Rad der Ablenkungen immer schneller dreht. Viele von uns sind fast ununterbrochen online und dauernd geschieht irgendwo irgendetwas, das unsere Aufmerksamkeit erfordert.

Kolossale Blindheit

Aus diesem Hamsterrad auszusteigen ist keine einfache Sache, da dem Ego nicht so leicht beizukommen ist. Es verlangt dauernd nach Anerkennung; ohne geht ihm längerfristig die Puste aus. Ein Lösungsansatz wäre, dass wir uns der Langeweile hingeben würden und versuchen, es auszusitzen. Nach hundert oder mehr Jahren Meditation wird uns das vielleicht gelingen, doch das Ego ist sehr trickreich und sollte nicht unterschätzt werden. Es wird die Gefahr, die hinter unserer Absicht steckt, spüren. Wenn es keinen anderen Ausweg mehr sieht, wird es mit seinem allergrößten Täuschungsmanöver versuchen, uns hinters Licht zu führen: dem Einssein mit dem kollektiven Ego-Geist jenseits von Raum und Zeit, der die gesamte Erscheinung des Universums von Raum und Zeit hervorbringt. Hier findet Megalothymia seinen maximalen Ausdruck. Es ist die vollständige Identifikation mit dem einen Ego und wird uns mit besonderem Stolz erfüllen. Gemeinhin wird dieser Zustand mit Erleuchtung gleichgesetzt. Es ist jedoch eher kolossale Blindheit und kann leicht als solche entlarvt werden, denn scheinbar Erleuchtete können die Ursache von Verlust, Schuld und Albträumen nicht so einfach begründet erklären, wie das hier versucht wird, herzuleiten. Und Stolz ist ein typisches Ego-Gefühl, weil es auf einem Vergleich beruht und Trennung oder Individualität voraussetzt. Scheinbar Erleuchtete, Gurus und selbsternannte spirituelle Meister lassen sich definitiv als Schwindler entlarven, wenn sie sich in irgendeiner Weise durch Provokation in kognitive Dissonanz hineintreiben lassen und sich beginnen zu ärgern.

Ein spirituelles Ego kann in verschiedenen Formen auftreten. Ein beliebtes Spiel ist das des unschuldigen Opfers, das sich in einer Welt behaupten muss, die ihm feindlich gesinnt ist. Ein anderes, ohne eine Absicht der Bösartigkeit, dass es sich ungerecht behandelt fühlt. Das Ego ist wie die Geister, die wir gerufen haben, über die wir die Kontrolle verloren zu haben glauben und die sich gegen die eigenen Macher gerichtet haben. Solange wir uns mit dem Ego arrangieren, lässt es uns in Ruhe. Wenn wir aber beginnen, uns gegen das Ego zu entscheiden und uns von ihm abwenden, bekommen wir seine unverhohlene Feindseligkeit zu spüren. Das Ego ist wie eine erbarmungslose Überlebensmaschine und lässt sich nicht so leicht austricksen. Die Falle der scheinbaren Erleuchtung lässt sich vermeiden, wenn wir uns bewusst sind, dass der Geist gespalten ist. Wir tragen die Erinnerung an Logos unverlierbar in uns. Mit Anámnesis wird der Kontrast zwischen Täuschung und Wirklichkeit immer offenbar. Wir brauchen keine Gurus, denn wir tragen alles, was wir brauchen, in uns. Ein wirklich Erleuchteter wird keinen Grund mehr haben, sich gegenüber anderen als solcher auszugeben, weil er sich des Einsseins bewusst ist und alle als gleich ansieht. Bevor wir uns mit dem Weg dahin beschäftigen, müssen wir die Welt in einem größeren Zusammenhang versuchen zu verstehen, um die Mechanismen zu durchschauen, die die Welt am Laufen halten, in der wir uns erfahren. Medeas Kinder liefern uns verschiedene Hinweise. Und am Schluss werden wir die beiden unfehlbaren Kriterien kennen gelernt haben, nach denen wir bemessen können, wann das Ende der Geschichte erreicht sein wird.

6. Medeas Kinder

In allen alten Überlieferungen von Hesiod bis zu Euripides hat Medea mindestens ein Kind. Teilweise liegen die Texte nur als Fragmente (F) vor, aber in der Bibliothek des Apollodor[1] befindet sich eine Zusammenfassung des Mythos von Jason und Medea in Korinth und Medeas Aufenthalt in Athen. Apollodor benennt ihre gemeinsamen Söhne mit Mermeros und Pheres. Er lässt zwei Möglichkeiten offen, wie sie umkommen, entweder durch Medea selbst oder durch die Korinther.

Quelle	Ort	Geschehnisse
Hesiod	Iolkos	Sohn Medeios mit Jason
Eumelos	Korinth	(F) die Kinder sterben beim Versuch, sie unsterblich zumachen
Parmeniskos	Korinth	(F) Medea wird vertrieben und die Kinder werden getötet
Kreophylos	Korinth	(F) Medea tötet Kreon, Flucht nach Athen, die Kinder werden getötet
Neophron	Korinth	(F) Medea ringt mit sich, die Kinder zu töten
Euripides, Medea	Korinth	Medea tötet Kreons Tochter, Kreon und die Kinder
Euripides, Aigeus	Athen	(F) Sohn Medos mit Aigeus, muss mit ihm wegen einer Intrige fliehen
Apollodor	Korinth	Medea tötet Kreons Tochter, Kreon und die Kinder kommen um
Apollodor	Athen	Sohn Medos mit Aigeus, muss mit ihm wegen einer Intrige fliehen

---

[1] Euripides, 101

Allen Überlieferungen ist gemeinsam, dass die Kinder in Korinth den Tod finden. In der ältesten Version ist der Tod der Kinder eine unbeabsichtigte Folge von Medeas Versuch, ihnen Unsterblichkeit zu verleihen, um sie ihr gleich zu machen. In der weiteren Entwicklung des Mythos wird der Aufenthalt in Korinth immer ungünstiger für Medea, bis sie schlussendlich aus Rache an Jason die Kinder selber tötet. Nach dem Tod der Kinder in Korinth hat sie in Athen mit ihrem zweiten Ehemann Aigeus wieder einen Sohn. Aus den älteren Fragmenten geht das leider nicht hervor. Apollodor bezieht sich jedoch für die Todesursache der Kinder auf die Versionen von Kreophylos und Euripides oder vielleicht sogar Neophron. Dies berechtigt zur Annahme, dass in allen Versionen der Weiterführung des Mythos in Athen Medea wieder einen Sohn mit dem Namen Medos hatte.

Die Büchse der Pandora

Nun wenden wir uns einem anderen Thema zu, das vordergründig nichts mit Medeas Kindern zu tun hat, um danach eine, auf den ersten Blick überraschende Verbindung herzustellen. Im frei verfügbaren Dokumentarfilm *Thrive*[2] (Gedeihen) wird das Phänomen der „Freien Energie" behandelt. Nach 34 Spielminuten beginnt das Thema. 1901 soll Nikola Tesla die sogenannte Strahlenenergie entdeckt haben. Er entwickelte ein Verfahren, um auf elektrische Energie ohne Verbrennung zuzugreifen. Viele Wissenschaftler sind der Meinung, dass er auf das, was wir heute Freie Energie nennen, gestoßen war. Bevor er sein Projekt beenden konnte, wurde seine Finanzierung gestoppt, weil sein Geldgeber, der ein Monopol für Kupfer zur Stromübertragung besaß, befürchtete, dass mit seiner Erfindung Elektrizität ohne Kabel übertragen werden könnte.

[2] www.thrivemovement.com

Teslas Labor wurde niedergebrannt und er wurde geächtet. Mit seiner Erfindung hätte der Menschheit unbeschränkt saubere Energie zur Verfügung gestanden. Der Film dokumentiert, dass diese Technik heute wieder existiert und von verschiedenen Wissenschaftlern erforscht wird. Von staatlicher Seite wird die Technologie aber mit allen Mitteln unterdrückt.

Vor dem Hintergrund meines ersten beruflichen Werdegangs als Elektronik-Ingenieur hatte ich zunächst das starke Bedürfnis, mich wissenschaftlich dem Thema zu widmen. Ich machte mir Gedanken, nach welchen Prinzipien die Freie Energie funktioniert, wo ich die Umsetzung machen und wie die Unterdrückung umgangen werden könnte. Nach wiederholtem Sehen des Films kam mir die Einsicht, dass der tiefere Grund für die Unterdrückung nicht in den Motiven liegt, wie sie im Film dargestellt werden. Kurz vor dem erwähnten Filmausschnitt wird die Menschheit zwar als „unreife Spezies, die mit der Möglichkeit der Selbstzerstörung kämpft", beschrieben. Der Gedanke wird aber nicht weiter verfolgt. Doch genau hier liegt das Problem, denn der tiefere Grund für die Unterdrückung scheint eindeutig in unserer kollektiven Angst zu liegen.

Seit dem Ende der letzten Eiszeit vor rund 10'000 Jahren haben wir uns von kleinen steinzeitlichen Jäger- und Sammlergemeinschaften zu einer endzeitlichen Hochkultur entwickelt. Wir wollen unseren Entwicklungsstand „endzeitlich" nennen, weil wir die Mittel zur globalen Selbstzerstörung besitzen. Die technische Beherrschung der Kernspaltung stellt dieses zweischneidige Schwert dar. Mit Kernkraftwerken besitzen wir eine primitive Form der Energiegewinnung, primitiv deshalb, weil ein Kernkraftwerk nicht anders wie ein riesiger Wasserkocher funktioniert, mit dessen Dampfdruck eine Turbine angetrieben wird, die einen Generator zur Stromproduktion rotieren lässt. Bauliche Maßnahmen müssen verhindern, dass die bei der Kernspaltung freigesetzte radioaktive Strahlung in die Umwelt gelangt, was die Kernenergie kompliziert, teuer und störungsanfällig macht. Auf der anderen Seite wurde während des sogenannten Kalten Krieges im Wettrüsten zwischen den USA und der Sowjetunion ein Arsenal an Nuklearwaffen aufgebaut, das die mehrfache Auslöschung der gesamten Menschheit erlauben würde. Die mächtigsten Waffen sind die Wasserstoffbomben, bei denen die Kernspaltung als Zünder für die Kernfusion des Wasserstoffs dient.

Die Apokalypse ist vertagt

Auf dem Höhepunkt des Kalten Krieges trat am 26. September 1983 die Möglichkeit der Selbstauslöschung der Menschheit durch einen globalen nuklearen Schlagabtausch aus Versehen in Griffweite. Stanislaw Petrow war diensthabender Offizier in einem Bunker ungefähr 50 Kilometer südlich von Moskau. Kurz nach Mitternacht meldete die computer- und satellitengestützte Überwachung des Luftraums den Start einer auf die Sowjetunion gerichteten Rakete mit Nuklearsprengköpfen im US-Bundesstaat Montana. Da der Raketenstart laut Computer nur von einer einzigen Basis erfolgt sein sollte, hielt Petrow einen Angriff für unwahrscheinlich. Zudem war die Verlässlichkeit des Satellitensystems zuvor mehrfach in Frage gestellt worden. Petrow meldete der Militärführung einen Fehlalarm. Kurze Zeit später meldete das Computersystem eine zweite, dritte, vierte und fünfte abgefeuerte Rakete. Da das Satellitensystem letztlich keine weiteren Raketen meldete, ging Petrow weiterhin von einem Fehlalarm aus, weil ein tatsächlicher Nuklearschlag seiner Ansicht nach mit deutlich mehr Raketen hätte stattfinden müssen. Erst nach beinahe unendlich langen 20 Minuten Wartezeit ging aus den Daten der landgestützten sowjetischen Radaranlagen hervor, dass tatsächlich keine Raketen heranflogen. Im Nachhinein stellte sich heraus, dass das satellitengestützte sowjetische Frühwarnsystem Sonnenreflexionen auf Wolken in der Nähe der amerikanischen Raketenbasen als Starts fehlinterpretiert hatte. Petrows besonnenes Handeln verhinderte die Apokalypse und wurde später mit verschiedenen westlichen Auszeichnungen geehrt.

Die Nutzbarmachung der Nukleartechnologie ist nur unter extrem hohem Aufwand möglich und kann nur von Staaten bewältigt werden, die gleichzeitig technologisch entwickelt und genügend gut organisiert sind, um die Erzeugnisse unter Kontrolle zu halten und vor Missbrauch weitestgehend zu schützen. Anders scheint es mit der Freien Energie zu stehen, wie das Beispiel von Tesla und die Labormodelle heutiger Wissenschaftler nahelegen. Und genau in der mit kleinem Aufwand nutzbar machenden Technologie liegt die größte Gefahr. Denn würde der Menschheit tatsächlich unbeschränkt Energie zur Verfügung stehen, dann würde sie wie alles andere auch nicht nur für das Gedeihen der Menschheit, sondern in kriegerischen Auseinandersetzungen eingesetzt werden. Wir müssen uns nur die gewaltsamen Konflikte und Kriege der Gegenwart vor Augen führen, um uns vorzustellen, was geschehen würde, wenn den Konfliktparteien unbeschränkt Energie zur Verfügung stünde. Mit unbeschränkter Energie wäre unbeschränkte Zerstörung möglich und würde direkt zur ultimativen Angst, der Angst vor Selbstvernichtung führen. Auf formaler Ebene geschieht die Unterdrückung der Freien Energie wie im Dokumentarfilm *Thrive* dargestellt, aus Machtstreben und Profitgier, aus inhaltlicher Sicht jedoch aus unbewusster Angst, weil das Ereignis globaler Selbstzerstörung der menschlichen Zivilisation mit vielleicht einigen wenigen Überlebenden in unserem kollektiven Unbewussten als vergangene Erfahrung präsent sein könnte.

Medeas Kinder Atlantis und Lemurien

Rufen wir uns wieder in Erinnerung, dass der Medea-Mythos nicht eine individuelle Erfahrung darstellt, sondern unsere kollektive, dann entsprechen Medeas Kinder den endzeitlichen Hochkulturen, die die Menschheit hervorgebracht hat. Der Tod von Medeas Kindern in Korinth entspricht dem Untergang vergangener hochentwickelter Zivilisationen, die wie wir, die Büchse der Pandora geöffnet und eine Technologie entwickelt hatten, die sowohl zum Segen der Menschheit gereicht hatte, als auch das Potential der Selbstzerstörung enthielt. Hervorgerufen durch kollektive, kognitive Dissonanz wurde das Selbstzerstörungspotential voll ausgeschöpft. Eine dieser Technologien könnte durchaus die Freie Energie gewesen sein, denn damit ließe sich schlüssig begründen, weshalb sie heute so vehement unterdrückt wird.

Die ursprüngliche Idee war natürlich ein ganz andere, wie wir aus der ältesten Überlieferung von Hesiod ableiten können. Symbolisiert durch Medeas Sohn Medeios war die Idee, in aller Unschuld eine eigene Welt zu machen und das eigene Werk zu erforschen, zu erfahren und gedeihen zu lassen. Das eigene Werk hatte aber einen entscheidenden Makel. Anders als ihre Macherin war es vergänglich, weil es nicht im Einssein mit Logos erschaffen wurde, sondern getrennt davon in einem herbeigezauberten Reich des Bewusstseins. In der nachfolgenden Entwicklung der Medea-Sage in Korinth tritt die kognitive Dissonanz als Folge der scheinbaren Trennung von Logos zunehmend zutage. Medeas Versuch, ihren Kindern Unsterblichkeit zu verleihen, kann im übertragenen Sinn darin gesehen werden, wie wir Menschen versuchen, durch besondere Leistungen Werke für die Ewigkeit zu schaffen, seien das monumentale Bauwerke wie Pyramiden oder Kunstwerke der Malerei, Dichtung oder Musik. Alle diese Werke mögen ihre

Urheber für lange Zeit überleben, unterliegen aber dennoch der Vergänglichkeit.

In den Versionen des Mythos nach Hesiod schleicht sich immer mehr unbewusste Schuld ins Spiel ein und Medeas Charakter nimmt zunehmend unheimlichere Züge an. Zuerst ist sie mehr oder weniger das Opfer, einmal des gescheiterten Versuchs, den Kindern Unsterblichkeit zu verleihen, ein andermal wird sie aus Korinth vertrieben und die Kinder werden von den Korinther getötet. Danach steigert sich die Dramaturgie und sie wird zur Täterin erhoben. Diese Entwicklung widerspiegelt die Dynamik der kognitiven Dissonanz. Weil der unbewusste Konflikt ungelöst bleibt, wird die ihm innewohnende Schuld auf den Mythos projiziert und aus einem angedichteten Unglück heraus zerstört Medea alles, was ihr lieb und teuer ist. Diese Zuspitzung des Konflikts kann als Ausdruck der im kollektiven Unbewussten verborgenen Erfahrung der Zerstörung endzeitlicher Hochkulturen gedeutet werden.

Im Buch *The Lifetimes When Jesus and Buddha Knew Each Other* von Gary Renard bin ich auf eine Bestätigung dieser Hypothese gestoßen. Sokrates soll sich an die Erfahrung eines früheren Lebens in Atlantis erinnert und Platon davon erzählt haben. Wie Platon in *Timaeus* korrekt berichtet, befand sich Atlantis jenseits der Säulen des Herakles, also jenseits der Straße von Gibraltar im Atlantischen Ozean. Die Einwohner von Atlantis hatten die Technologie der Freien Energie nutzbar gemacht. Eine Splittergruppe sah die Möglichkeit, daraus eine Waffentechnologie zu entwickeln, um damit die Macht zu erringen. Freie Energie ist unbeschränkte Energie, der Konflikt lief aus dem Ruder, und das Ergebnis war die vollständige Zerstörung von Atlantis. Die Kanarischen Inseln sind Teile der Überreste des einstigen Atlantis. Andere Teile haben sich bis zum Bermudadreieck ausgedehnt. Dies sei nicht das einzige von mehreren derartigen Ereignissen gewesen. Ein anderes betreffe Lemurien. Im übertragenen Sinn würden Atlantis und Lemurien Medeas und Jasons gemeinsamen Söhnen Mermeros und Pheres entsprechen. Diese Darstellung mag dem geläufigen Verständnis der Entwicklung des Homo sapiens widersprechen. Doch gewisse Aspekte der Evolutionstheorie wären längst widerlegt worden, wenn sie nicht von Interessensgruppen wie ein Dogma behandelt würde. Wenn viele Forschungsgelder und Tausende von Karrieren von einer Theorie abhängig sind, macht man sich nicht beliebt, wenn man wissenschaftliche Beweise vorlegen würde, die sie widerlegte.

Sind wir Medeas letztes Kind?

Wenn also Medeas umgekommene Kinder unserer lange zurückliegenden Vergangenheit entsprechen, dann repräsentiert ihr letzter Sohn Medos den Lauf unserer gegenwärtigen Entwicklung seit dem Ende der letzten Eiszeit. Bislang bin ich auf keinen Hinweis gestoßen, der auf Medos Tod verweisen würde, was für uns als erfreuliche Nachricht gedeutet werden kann. Doch der Mythos von Medea und Medos verläuft nicht geradlinig. Medeas zweiter Ehemann Aigeus hatte einen weiteren Sohn, Theseus, von dem er nichts wusste, weil er fern der Heimat aufwuchs. Als er als Erwachsener nach Athen übersiedelte, wollte er seine Identität vorerst nicht enthüllen. Aigeus erkannte ihn nicht, aber Medea wurde klar, mit wem sie es zu tun hatte. Ihr war auch klar, dass er als Erstgeborener ihrem Sohn den Königsthron von Athen streitig machen würde. Sie überrede Aigeus, Theseus zu einer unlösbar scheinenden Aufgabe auszuschicken: den Stier von Marathon zu beseitigen.[3] Nachdem ihm dies gelungen war, versuchte sie erfolglos, ihn zu vergiften, denn Aigeus erkannte Theseus an dessen Schwert und konnte Medeas Intrige verhindern. Darauf ver-

---

[3] Zimmermann, 599

stieß Aigeus seine Frau. Medea musste das Land verlassen und wendete sich Kleinasien zu. Laut dem Geschichtsschreiber Herodot soll sie zu einem Stammesverband gegangen sein, der sich nach ihrem Sohn in „Meder" umbenannt haben soll. Medos wird also eine bedeutende Stellung innegehabt haben und sein Name lebte als Bezeichnung des Stammesverbandes weiter.

Der Verlauf der Menschheitsgeschichte seit dem Ende der letzten Eiszeit von kleinen Jäger- und Sammlergemeinschaften zur heutigen Wissensgesellschaft verläuft nicht geradlinig, sondern ist von einem markanten Einbruch geprägt. In der archaischen Zeit glaubten die Menschen noch, dass ihr Schicksal eng mit demjenigen der Götter verknüpft sei. Bestes Beispiel liefert die hochstehende Lyrik der homerischen Epen Ilias und Odyssee. Diese Epen waren möglicherweise die ersten Texte, die im altgriechischen Alphabet verschriftlicht wurden oder sogar zu dessen Entstehung beitrugen.[4] Sie sind in einer Kunstsprache verfasst, und der dominante Dialekt ist das Ionische. Für eine Datierung der Ilias auf ca. 660-650 v. Chr. liegen plausible Argumente vor, was Hesiod zum ältesten Dichter des Abendlandes machen würde.[5]

Die griechischen Götter weisen sehr menschliche Züge auf, was nachfolgende Denker zur Annahme veranlasst haben mag, dass sie lediglich Projektionen unserer Fantasie seien. Damit war die Idee geboren, dass der Lauf der Dinge von Naturgesetzen und nicht von Göttern bestimmt sei. Ausgehend vom ionischen Siedlungsraum begannen Naturphilosophen, die Gesetze der Natur zu erforschen. Thales von Milet[6] gilt als erster Naturforscher und universeller Weiser, der theoretisches und praktisches Wissen verband und offenbar auch über politische

---

[4] Schrott
[5] Zimmermann, 28 f.
[6] Zimmermann, 263

Kompetenz verfügte. Mit dem Alphabet stand ein unverzichtbares Mittel bereit, die Erkenntnisse aufzuzeichnen. Viele von uns mögen sich aus der Schulzeit an Pythagoras erinnern, der die Formel $a^2 + b^2 = c^2$ für das rechtwinklige Dreieck fand. Im Verlauf von etwa 500 Jahren wurde ein immenses Wissen aufgebaut, das seinen Eingang in die damals weltgrößte Bibliothek von Alexandria an der ägyptischen Mittelmeerküste mit rund einer Million von Hand geschriebenen Schriftrollen fand.

In den homerischen Epen war die Erde noch eine flache Scheibe und die bekannte Erdmasse wurde vom Wasser des Okeanos umflossen. In der Schule von Alexandria war die Erde eine Kugel und ihr Umfang durch Beobachtungen, Messungen und Berechnungen recht genau bestimmt. Das wohl herausragendste Zeugnis dieser Epoche ist der Mechanismus von Antikythera, benannt nach dem Fundort im Meer vor der gleichnamigen Insel. Es ist ein hochkomplexes mechanisches Rechenwerk zur Bestimmung von Sonnen- und Mondfinsternissen, dem Lauf der Planetenbahnen und wird als erster Computer der Welt bezeichnet. Auch das Prinzip der Dampfmaschine war bekannt, was der Industriellen Revolution der Neuzeit mächtig Schub verliehen hatte.

Der Höhepunkt der alexandrinischen Schule fällt in die Zeit der Ausbreitung des Römischen Reiches. Archimedes, einer der herausragendsten griechischen Mathematiker und Ingenieure, wahrscheinlicher Konstrukteur des Mechanismus von Antikythera, der in der korinthischen Stadt Syrakus auf Sizilien lebte, soll den Römern einen Messwagen – einen Kilometerzähler – gebaut haben, der es ihnen ermöglichte, ihr Straßennetz zu vermessen und mit Meilensteinen zu versehen. Die genaue Kenntnis der Distanzen war für die Römer ein strategischer Vorteil. Es erlaubte ihnen die Planung der Truppenverschiebungen und war ein wesentlicher Erfolgsfaktor in der Ausdehnung ihres Imperiums. Leider waren die Römer nur an

Macht und Kontrolle interessiert, nicht aber an neuem Wissen und dessen Anwendung. Archimedes starb durch ein römisches Schwert bei der Eroberung von Syrakus. Die Bibliothek von Alexandria fiel der Vernachlässigung und Feuer zum Opfer.

Später, als sich der Niedergang des Römischen Imperiums abzuzeichnen begann, wurde das sich rasch ausbreitende Christentum instrumentalisiert und zur Staatsreligion erhoben, in einer Form, die den Machthabern dienlich war. Damit war der Weg ins dunkle europäische Mittelalter vorgezeichnet. Das Papsttum errang das Monopol über das Wissen, und die katholische Kirche hemmte mit ihrem Dogmatismus den Fortschritt. Derweil fand viel naturwissenschaftliches Wissen aus der Schule von Alexandria seinen Weg über das byzantinische Reich zu den Arabern. Das aufstrebende arabische Imperium breitete sich über Nordafrika bis nach Spanien aus. In der Folge begann sich das Blatt in Westeuropa wieder zu wenden, so dass vor etwa 500 Jahren, bedingt durch verschiedene Faktoren, eine unaufhaltsame Entwicklung einsetzte und über mehrere Entwicklungsstufen wie der Industriellen Revolution zu unserer heutigen Wissensgesellschaft führte. Nehmen wir den Mechanismus von Antikythera als Maßstab bis wir in der Neuzeit wieder ähnlich komplexe mechanische Konstruktionen vorfinden, dann hat das Römische Imperium mit seinen nachfolgenden Herrschaftssystemen die technologische Entwicklung um rund zweitausend Jahre aufgehalten.

Der Weg von der griechischen Antike zu unserer endzeitlichen Hochkultur der Neuzeit ist durch einen markanten Einbruch in Form des Römischen Imperiums, dem daraus hervorgegangenen Herrschaftssystem und der katholischen Kirche geprägt. Im Medea-Mythos können wir sehen, wie dies symbolisch mit dem Lebenslauf von Medos vorweggenommen wurde. In Athen konnte Medos nicht reüssieren. Sein zurückgekehrter Halbbruder Theseus verhinderte dies, Medeas Intrige scheiterte, und sie wurden aus Athen verstoßen. Erst zu einem späteren Zeitpunkt und an einem anderen Ort konnte Medos sein Potential voll entfalten und die ihm zustehende Rolle einnehmen. An diesem Punkt stehen wir jetzt in den industrialisierten Ländern. Medeas in Korinth umgekommene Kinder kamen nie über die Kindheit hinaus, was im übertragenen Sinn auch für die Entwicklung der Menschheit in der Vergangenheit zugetroffen haben dürfte. Aber jetzt sind wir vielleicht zum ersten Mal in einem neuen Zeitalter angekommen und uns steht der Weg offen, erwachsen zu werden. Möglicherweise war die zweitausendjährige Verzögerung sogar eine unabdingbare Notwendigkeit, unsere Spezies reifen zu lassen, um nicht überhastet an die Mittel zur Selbstzerstörung heranzukommen und sie unüberlegt einzusetzen. Wenn wir Ereignisse wie den Brexit und die Präsidentschaft von Donald Trump betrachten, dürfte sich die Menschheit zu diesem Zeitpunkt in der Pubertät befinden. Geld und Konsum scheinen den Lauf der Dinge zu bestimmen. Doch der kollektive unbewusste Konflikt, der beinahe zu unserer Selbstauslöschung geführt hat, ist nach wie vor ungelöst und schwelt weiter vor sich hin.

Alles nur Fassade

Wenn wir hinter die Fassade der Gesellschaft blicken, werden wir feststellen, dass es die Angst ist, die die Welt am Laufen hält. Um uns kollektiv mit der Angst zu arrangieren, haben wir uns mit verschiedenen Kontrollsystemen umgeben. Eines davon ist die Religion. Auf ihrem Höhepunkt, dem Christentum in Europas Mittelalter, lebten viele Menschen in andauernder Angst für ihre scheinbar sündhafte Existenz in diesem Leben, oder noch schlimmer, nach dem Tod mit ewigen Qualen in der Hölle bestraft zu werden. Dies ist ein typisches Beispiel für die Projektion unbewusster Schuld auf ein soziales Kontrollsystem, um die Ursache der Angst nach außen projiziert zu sehen. Heute verliert die Kirche zunehmend an Bedeutung. Dafür tauchen mit der Ausbreitung der Digitalisierung andere Kontrollsysteme wie soziale Medien auf, wo es wichtig ist, was andere über uns denken und wir bestrebt sind, ein gutes Selbstbildnis abzugeben.

Ein anderes Kontrollsystem stellt das Einüben blinden Gehorsams durch Erziehung und Bildung dar, um bestimmte Verhaltensregeln zu etablieren. Es wird nur dasjenige Wissen vermittelt, das uns zu willenlosen Konsumenten macht. Der Verdacht liegt auf der Hand, dass wir eine Art Gehirnwäsche durchlaufen. Und die Gesellschaft macht uns vor, was zu einem erfolgreichen Leben gehört. Wir stürzen uns in die Arbeitswelt und verrichten auf Anordnung von Vorgesetzten sinnlose Dinge, um an das nötige Geld heranzukommen, um uns all die Dinge leisten zu können, die wir eigentlich gar nicht brauchen. Über das Ganze gesehen haben wir uns eine Komfortzone geschaffen, in der wir glauben, vor der Angst sicher zu sein. Und was nicht sein darf, das lassen wir uns vorenthalten. So verfügt das Pentagon laut AP-Recherchen über 27'000 Mitarbeiter, die ausschließlich für die Öffentlichkeitsarbeit (PR, Werbung, Rekrutierung) zuständig sind,[7] um Informationen und Meinungen im Sinne der scheinbaren Machthaber im Hintergrund zu manipulieren. Dazu kommt die umfangreiche Tätigkeit der verschiedenen Geheimdienste. Über viele Dinge werden wir die Wahrheit nie erfahren, weil der verbleibenden freien Presse im Vergleich dazu nur ein kleiner Bruchteil dieser Mittel für Recherchen zur Verfügung steht.

Heute stehen wir an einem Punkt, wo wir uns die Frage stellen müssen, wohin wir gehen wollen. Der grenzenlose Ka-

---

[7] Tagesanzeiger, 02.12.2009 (AP: Associated Press)

pitalismus mit seiner Überkonsumgesellschaft treibt uns langsam aber sicher auf einen Abgrund zu. Die Klimaforscher können mit sehr hoher Wahrscheinlichkeit nachweisen, dass wir uns langsam einer globalen Klimakatastrophe entgegen bewegen, bedingt vor allem durch den CO_2-Anstieg in der Atmosphäre. Der Anstieg erfolgt hauptsächlich durch das Verbrennen fossiler Energieträger. Mehr Treibhausgase in der Atmosphäre führen zu einer global höheren Luft- und Wassertemperatur. Die Eisflächen der Gletscher und Polkappen schmelzen schneller als sie nachwachsen können. Folglich steigt der Meeresspiegel an. Eine höhere Lufttemperatur führt dazu, dass die Atmosphäre mehr Wasserdampf aufnehmen kann. Damit sind in der Atmosphäre mehr Feuchtigkeit und Energie enthalten, was zu immer extremeren Wettersituationen wie Wirbelstürmen, Orkanen und sintflutartigen Regenfällen führen wird.

Die überwiegende Reaktion auf diese Tatsachen ist kognitive Dissonanz. Das Problem wird verdrängt, bezweifelt oder heruntergespielt. Griffige Maßnahmen werden auf irgendwann in der Zukunft verschoben. Wir wollen uns hier nicht mit Lösungsstrategien oder persönlichen Verhaltensänderungen im Alltag beschäftigen, die den CO_2-Ausstoss reduzieren würden – das tun schon viele andere. Wir beschäftigen uns mit der dahinterliegenden Ursache, die für jedes scheinbare Problem, das wir wahrnehmen, verantwortlich ist. Wenn wir uns mit der Ursache beschäftigen und beginnen, sie aufzulösen, werden wir lernen, wirklich frei zu sein und die Welt friedlich gedeihen zu lassen. Medeas jüngstes Kind weist darauf hin, dass ein neues Zeitalter angebrochen ist und sich die Vergangenheit nicht wiederholen wird.

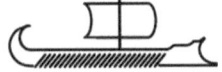

7. Der Mythos endet

Bei frühen Lyrikern, als Medea noch keine Verbrecherin war, soll der Mythos im Heldenparadies Elysion geendet haben. Sogar die spätere Argonautika von Apollonios nimmt Bezug auf diesen Ausgang der Geschichte Medeas.[1] Sie soll Achilles, der nach seinem Tod im Trojanischen Krieg dort weiterlebte, geheiratet haben. Dies würde allerdings im Widerspruch zur Odyssee stehen. Im 11. Buch der Odyssee fährt Odysseus zu den Grenzen des Okeanos und begegnet dort den Seelen der Verstorbenen, die vorübergehend aus dem Hades emporsteigen. Er spricht mit dem Seher Teiresias, seiner Mutter Antikleia, Agamemnon, Achilles und weiteren Verstorbenen. Im 24. Buch geleitet Hermes die Seelen der toten Freier in den Hades. Dort finden Gespräche zwischen den Verstorbenen statt. Unter anderem spricht Agamemnon mit Achilles. Somit bleibt das Ende des Medea-Mythos, was die Quellenlage antiker Überlieferung betrifft, unklar. Doch wir kennen das Ende von Medeas Weg, denn wir haben ihre wahre Herkunft aufgedeckt. Der Mythos wird dort enden, wo er seinen Anfang genommen hatte. Ansatzweise ist dies in der Medea-Sage enthalten, denn am Schluss wendet sie sich Asien zu, was in Richtung ihrer Heimat weist. Medea, die als Metapher für uns alle steht, hat sich aber soweit von Logos entfernt und sich so stark von ihm entfremdet, dass eine direkte Rückkehr unmöglich erscheint. Unsere Konflikte und Albträume sind unvereinbar mit dem direkten Gewahrsein der Glückseligkeit von Logos Gegenwart.

Was uns Logos aber mitgegeben hat, ist die unverlierbare Erinnerung an ihn: Anámnesis. Und Anámnesis hat einen Ort

---

[1] Apollonios, 4.799 f.

in unserem Bewusstsein erstehen lassen, der dem Gewahrsein Logos so nah und ähnlich ist, dass er die Pforte zu Logos bildet. Gleichzeitig wird von uns überhaupt kein Opfer abverlangt, um dorthin zu gelangen, außer dass wir bereit sein müssen, unsere unbewusste Schuld und alle daraus entsprossenen Ängste und Schmerzen abzulegen. Ist das wirklich ein Opfer? Man müsste meinen, dass es das nicht ist, aber dem ist nicht so, denn weil wir alles verkehrt herum sehen, scheinen wir darin unsere Identität verortet zu haben. Und genau das ist der Mythos, von dem *wir* uns verabschieden müssen. Zu der Zeit in der Antike, als sich der Medea-Mythos herausgebildet hatte, schien dies noch niemand vollständig verwirklicht zu haben. Wie wir gesehen haben, nahm der Mythos im Verlaufe der Zeit immer dramatischere Züge an, was ein untrügliches Indiz dafür ist, dass sich kognitive Dissonanz auf den Charakter der Medea ausgewirkt hatte. Erst aus der Periode nach der Zeitenwende finden sich Texte, die einen Bewusstseinszustand beschreiben, der der Pforte zu Logos entspricht, wie zum Beispiel: „Das Himmelreich ist ausgebreitet über der Erde, und die Menschen sehen es nicht." Auch die Wegbeschreibung ist in dieser vom Apostel Thomas festgehaltenen Sammlung von Jesusworten enthalten: „Habt ihr denn den Anfang entdeckt, dass ihr das Ende sucht? Denn wo der Anfang ist, dort wird das Ende sein. Selig ist, wer am Anfang steht. Er wird das Ende erkennen und den Tod nicht kosten."[2]

Wir nehmen diese Wegbeschreibung beim Wort und bewegen uns im Medea-Mythos zeitlich in die Richtung zu seiner Urfassung. Wir greifen die Idee der frühen Lyriker auf, dass Medea ins Elysion gelangt sei. In alten Überlieferungen ist das Elysion ein mythischer Ort und wird als „Insel der Seligen" bezeichnet, wo sich die Helden der Mythen, denen von den

---

[2] Renard, Unsterblich, 250, 241

Göttern Unsterblichkeit verliehen wurde, die Zeit mit Spielen vertreiben. Dieser Ort wird am westlichsten Bereich der Welt vermutet und mit den Kanarischen Inseln in Verbindung gebracht. Vielleicht spiegelt sich in dieser Zuordnung durch die alten Griechen die unbewusste Erinnerung an ein idealisiertes Atlantis. Dass sich die Helden im Elysion die Zeit mit Spielen vertreiben müssen, deutet darauf hin, dass sie sich sonst langweilen würden. Langeweile ist ein deutliches Indiz für kognitive Dissonanz und steht im Widerspruch zur Zeitlosigkeit der Glückseligkeit. Die Unsterblichen haben sich also in der Zeit verloren und müssen sie irgendwie totschlagen oder anders ausgedrückt, die frühen Lyriker haben ihre eigene kognitive Dissonanz auf das Elysion projiziert. Wenn wir das Elysion von diesen Widersprüchen befreien, dann ist es kein mythischer Ort, sondern unser durch Anámnesis von der kognitiven Dissonanz befreite Geist, ein Zustand des Bewusstseins und die Pforte zu Logos. Solange unser Bewusstsein nicht vollständig durch Anámnesis bereinigt ist, hängt die kognitive Dissonanz wie ein Schleier vor unserer Sicht und wir können nicht wahrnehmen, was über der Erde ausgebreitet ist und werden weiterfahren vom Tod zu kosten.

Elysisches Bewusstsein

Im elysischen Bewusstseinszustand sind die Dinge in die richtige Perspektive gerückt und alle Mythen haben ihr Ende gefunden. Es kann geschehen, dass wir auf unserem Weg zu Logos vorübergehend in diesen Bewusstseinszustand geraten, obwohl die kognitive Dissonanz noch nicht vollständig aufgelöst ist. 2014 ist mir dies widerfahren. Ich hatte einen Termin in der Nähe des Löwendenkmals, war aber zu früh dran. In der folgenden Woche erwartete ich Besuch: Gary Renard mit seiner Entourage, die einen Workshop in Luzern gaben, und denen ich etwas von Luzern würde zeigen können. Das Löwendenkmal ist die wohl meistfotografierte Gedenkstätte der Schweiz. Der Schriftsteller Mark Twain erhob das Löwendenkmal zum traurigsten und bewegendsten Stück Stein der Welt. So kam mir kurzerhand die Idee, beim Löwendenkmal vorbeizugehen, um zu schauen, ob es ein geeignetes Besichtigungsziel wäre, alles noch so war wie ich es kannte und ob es geöffnet sei.

Die Denkmalstätte ist durch eine Mauer von der Umgebung abgetrennt. Vom Löwenplatz her kommend trifft man zuerst auf eine kleine Kapelle in einer Ecke, die von außerhalb der Mauer offen zugänglich ist. Ich ging in die Kapelle hinein und an der hinteren Wand stand ein Altar. Darüber war ein Kruzifix angebracht und rechts und links davon standen je ein Kerzenständer auf dem Altar. Der untere Teil vom Altar war in der Mitte mit einem Text in Latein beschriftet, dessen Bedeutung mir nicht bekannt war. Der Altar war durch ein massives Eisengitter vom frei zugänglichen Eingangsbereich abgetrennt. Danach ging ich weiter an der Mauer entlang in Richtung des Einganges, blieb vor den an der Mauer angebrachten Textttafeln stehen und las den englischen Text mit der Idee, auf Englisch darüber Auskunft geben zu können. Das Denkmal erinnert an die während der Französischen Revolution im Dienste König Ludwig des XVI. 1792 gefallenen Schweizer Söldner. Zu dieser Zeit war die Schweiz ein eher armes Land und die Reisläuferei eine wichtige Einnahmequelle. Zu Beginn der Französischen Revolution standen rund 40'000 Schweizer in fremden Diensten. Die Schweizer waren als loyale und mutige Söldner bekannt und diese Tradition hat sich bis heute in Form der Schweizergarde des Papstes in Rom erhalten.

40'000 Söldner zur damaligen Zeit waren eine Menge und in Gedanken über das Gelesene ging ich weiter Richtung Eingang. Die schweren Eisengitter des geöffneten Tores waren an die Mauer gelehnt. Hinter dem Eingang führt ein geschwungener Weg auf den Platz hoch vor die Anlage. Das Löwendenkmal selbst ist in eine senkrechte Felswand aus Sandstein hineingehauen. Direkt davor ist ein Weiher angelegt, in dem ich schon Enten schwimmen sah. Um den Weiher herum stehen viele schattenspendende Bäume. Der Ort ist wie eine Oase der Ruhe neben dem geschäftigen Stadtzentrum. Während ich durch den Eingang hindurch auf den geschwungenen Weg einbog, erfuhr ich innerlich wie wenn ich gleichzeitig in eine Oase des Friedens eintreten würde, einen tiefen Frieden, der nicht von dieser Welt ist. Am Rand des geschwungenen Weges standen zwei gut gekleidete Herren, Zeugen Jehovas, die Broschüren mit chinesischen Schriftzeichen den zumeist asiatischen Touristen anboten.

Abb. 5 Das Löwendenkmal in Luzern

Ich bewegte mich weiter vor, bis zum Platz vor dem Weiher, sah durch das klare Wasser auf den mit Münzen übersäten Boden, schaute mich um, betrachtete den in Stein gehauenen, von einer Lanze verletzten, sterbenden Löwen, die Umgebung und die vielen asiatischen Touristen. Gleichzeitig, im Zustand des inneren Friedens, wusste ich mit absoluter Gewissheit, dass niemand je gestorben war, und erfuhr Jesu Gegenwart. Ohne irgendeine bewusste Anstrengung oder der Frage, ob und wie das möglich ist, nahm ich alles um mich herum ganz normal wahr, aber aus einer inneren Perspektive des Friedens, der nicht von dieser Welt ist. Ich befand mich im Elysion, in der Welt, aber nicht von der Welt. Nach einer Weile tauchte der Gedanke an den Termin wieder auf und ich machte mich auf den Weg. Im Befolgen des Gedankens an den Termin entschwand der tiefe innere Frieden und wurde vom denkenden Geist wieder überdeckt.

Diese Erfahrung stellt ein typisches Beispiel für elysische Wahrnehmung und den elysischen Frieden und Bewusstseinszustand dar. Nach dem Urteil der Welt haben unzählige Schweizer Söldner ihre Loyalität zum französischen König mit dem Leben bezahlt und Jesus ist nach der Lesart der Kirche am Kreuz gestorben. Anámnesis hat die Dinge in die richtige Perspektive gerückt und den Mythos vom Tod temporär für mich aufgehoben. Erlösung kann nicht im Tod gefunden werden, sondern im Aufgeben aller Mythen, was dem Aufgeben des Ego entspricht. Diese Erfahrung bezeugt auch, dass Jesus das Ende erkannt und vom Tod nicht gekostet hat. Elysische Wahrnehmung ist nicht Erkenntnis, aber ein unabdingbarer Zwischenschritt auf dem Weg dazu. Es ist keine Veränderung von äußeren Lebensumständen, sondern das Ende der kognitiven Dissonanz. Während das Ego die kognitive Dissonanz durch Projektion versucht loszuwerden, sie dadurch aber verdrängt und im Unbewussten verbirgt, führt der Weg mit Anámnesis zu deren Aufhebung. Ein paar Tage später ging ich leicht nervös nochmals zum Löwendenkmal, denn ich glaubte nicht daran, dass es besondere Orte gibt, wollte mir aber sicher sein. Als ich wieder dort war, passierte nichts mehr. So blieb mir nichts anderes erspart, als mit den Übungen zur Aufhebung des Ego weiterzufahren.

Modellbildung

Wir haben nun alle Elemente beisammen, um sie zum metaphysischen Modell mit den drei Ebenen Körper, Geist und Seele zusammenzufügen. Da der Begriff „Seele" oft für den individuellen Teil des Geistes verwendet wird, im Modell aber unser ewiger und unsterblicher Lebensfunken gemeint ist, verwenden wir anstelle von Seele den Begriff „Essenz".

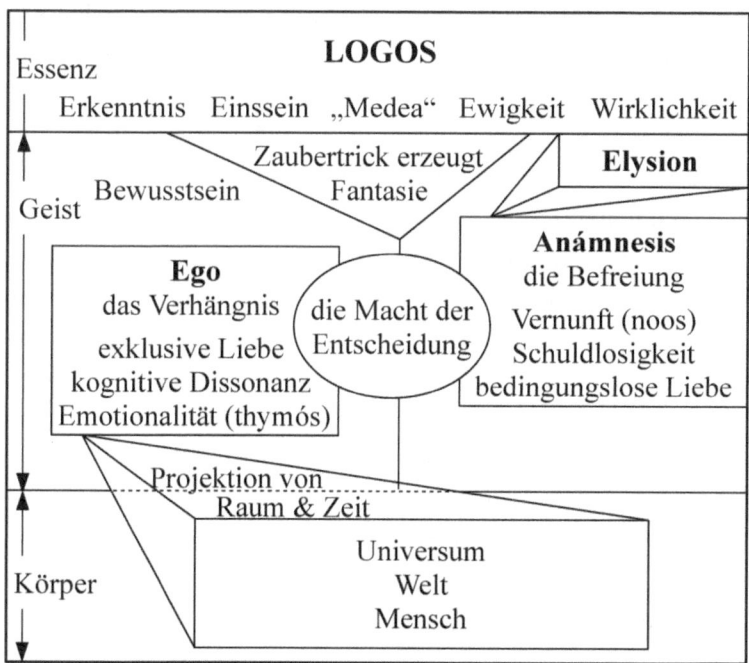

Abb. 6 Das metaphysische Modell

Die einzige Wirklichkeit ist Logos. Die beiden anderen Ebenen sind Fantasie, Einbildung, Täuschung oder Illusion, wie immer wir sie bezeichnen möchten. Wir beschäftigen uns mit dem Weg vom Mythos zu Logos. Daher verzichten wir auf eine Umschreibung der Vielschichtigkeit des Bewusstseins. Wir beschränken uns auf den gespaltenen Geist mit den beiden Protagonisten Ego und Anámnesis und streichen die Wichtigkeit der „Macht der Entscheidung" heraus. Das Ego entspricht unserem niederen Selbst und bringt die Projektion von Raum und Zeit hervor. Anámnesis entspricht unserem höheren Selbst und bringt den elysischen Zustand hervor. Das Elysion ist das Grenzland zwischen Wahrnehmung und Erkenntnis. Es ist der Bewusstseinszustand, in dem die kognitive Dissonanz vollständig aufgelöst ist, in dem jedes Urteil vergangen und unmöglich ist und wir die Dinge sehen, wie sie wirklich sind. Über diesen Aspekt elysischer Wahrnehmung berichtet Katja Bode, wie sie einmal vorübergehend in den Zustand des stillen Friedens geraten war und es ihr unmöglich war, zu urteilen.[3]

Bevor wir jedoch dauerhaft im Elysion angekommen sind, stehen uns immer zwei Wahlmöglichkeiten offen, falls wir uns dessen jeweils bewusst sind. Wenn sich kognitive Dissonanz in Form von Schuld, Ärger, Hass oder Angst bemerkbar macht, haben wir die Wahl, ob wir mit dem Ego oder Anámnesis reagieren wollen. Reagieren wir mit dem Ego, dann wird der Konflikt bestärkt und beibehalten. Wenn wir uns aber erinnern, dass wir die Wahl haben, und jeweils die Bereitwilligkeit aufbringen können, uns für Anámnesis zu entscheiden, dann lassen wir jedes Mal ein winzig kleines Stückchen des Konflikts ins Leere laufen. Das hebt das Ego Schritt für Schritt auf und entspricht der geistigen Praxis auf der dritten Stufe. Ist das Ego vollständig aufgelöst, dann ist die vierte Stufe, elysische Wahrnehmung und elysisches Bewusstsein, erreicht. Wenn sich die Frage nach dem Sinn des Lebens für uns nicht mehr stellt, dann haben wir wirklich verstanden, um was es geht und

---

[3] Bode, 179 f.

ein genügend Maß an Bereitwilligkeit entwickelt, dies in die Tat umzusetzen.

Es sieht aber meistens so aus, als hätten wir uns mit dem Ego identifiziert. Im Medea-Mythos nimmt Jason Eigenschaften des Ego an. Alles beginnt mit der Verliebtheit Medeas in Jason. Auf sein Versprechen hin, sie zu beschützen und zu ehelichen, schließt sie sich ihm an und verlässt ihre Heimat. In ihrer Verbindung mit ihm lädt sie sich Schuld auf, zuerst durch ihren Glauben, dass sie durch ihre Hilfe für Jason ihre Familie hintergangen hat, danach auf der Flucht durch ihre List, die zum Tod ihres Bruders Apsyrtos führt. Jason entpuppt sich nicht als der Held, in den sie sich verliebt hatte, sondern einzig als einen auf sein Überleben und seinen Vorteil bedachten Opportunisten. In Korinth wird Medea von Jason um einer besseren gesellschaftlichen Stellung hin verlassen. Analog ist uns das Ego nicht treu ergeben, sondern nur wenn es für das Ego von Nutzen ist. Da wir uns aber so tief in diese Ego-Geschichte verstrickt haben, glauben wir dem Ego, dass alles wahr und die Schuld wirklich ist. Doch das ist die typische Ego-Lüge, die wir jetzt auflösen werden.

Medeas Bruder Apsyrtos steht symbolisch für die Essenz eines jeden Menschen, dem wir begegnen. Die Schuld für den Brudermord sitzt tief verwurzelt in unserem Unbewussten. Jedes Mal, wenn wir uns ärgern oder jemanden hassen, versuchen wir, die Schuld auf jemand anderen abzuschieben. Symbolisch wiederholen wir auf diese Weise den Brudermord. Doch als ihr Bruder muss Apsyrtos genauso unsterblich sein wie Medea. Einige Quellen sprechen davon, dass Apsyrtos Medeas Halbbruder sei, was aber nichts an dieser Tatsache ändert, da die infrage kommende Mutter ebenfalls zu den Unsterblichen gehört. Folglich kann Apsyrtos gar keinem Mordkomplott zum Opfer gefallen sein. Die frühzeitlichen Autoren haben außer Acht gelassen, dass Unsterblichkeit eine alles-

oder-nichts-Eingenschaft ist und haben sich auf Kompromisse eingelassen. Wir finden das auch im fünften Gesang der Ilias. Die Götter greifen ins Kampfgeschehen ein, werden verletzt und müssen sich ihre Wunden behandeln lassen. Wir lassen alle Kompromisse hinter uns und heben den Widerspruch auf. Unsere unbewusste kollektive wie individuelle Schuld für den Brudermord hat in Wirklichkeit keine Basis. Der Brudermord hat nie stattgefunden. Gehen wir einen Schritt weiter zurück zum Ursprung des Mythos, dann sehen wir bei Hesiod, dass Geschwister von Medea nicht erwähnt sind, was nichts anderes bedeutet, dass alles ein Bewusstsein und alles ein Geist ist. Damit sind wir zum Anfang gelangt, um ihn aufzudecken. Unsere tief verborgene Ego-Natur ist Selbsthass, gespeist aus dem schalen Gefühl, gegen Logos gesündigt zu haben im Versuch, getrennt von ihm eine Fantasie ausleben zu können. Aber auch dieser Glaube hat keine Basis, denn in den ältesten Überlieferungen ist kein Zerwürfnis zwischen Medea und ihrem Vater erkennbar.

Die zwei Spuren des Lebens

Als ich diese Zusammenhänge ein Stück weit verstanden und mich auf den Weg zu Logos begeben hatte, wollte ich am liebsten gleich beim Ziel angekommen sein, ohne all die vielen kleinen Zwischenschritte tun zu müssen. So saß ich eines Morgens mit geschlossenen Augen auf dem Sofa und vertiefte mich in den Übungsgedanken für den Tag. Ganz ruhig und sanft wurde mir vor meinem inneren Auge das Einzige, was ich in Wahrheit je und schon immer haben wollte, angeboten: Erlösung, Befreiung, Verschmelzung von Haben und Sein. Ich musste nur bereit sein es anzunehmen, um es als Mein und Mich zu realisieren, wie eine Erleuchtungspille, die ich bloß zu schlucken brauchte. Ein gewaltiger, panikartiger Aufruhr dagegen breitete sich in meinem Geist aus. Vor meinem inneren Auge lief eine lange Liste von Dingen ab, die ich vorher noch gemacht haben möchte; Erfahrungen, die ich vorher noch erlebt haben möchte; Orte, die ich vorher noch besucht haben möchte, als ob ich noch eine besondere Beziehung oder Erfahrung zu erleben hätte, derentwegen ich eigentlich hergekommen war. Die angebotene Erlösung fühlte sich schlimmer an als der Tod, wie Selbstzerstörung, komplette Auslöschung, Schwärze, das Ende der Ego-Identifikation, fertig, aus. Der körperliche Tod schien im Gegensatz dazu wie ein Sonntagsspaziergang zu sein, Teil eines sich beliebig wiederholenden Kreislaufs. Ruhig und sanft wie das Angebot aufgetaucht war, entschwand es wieder mit der Gewissheit, dass alles, was ich immer schon wollte, verdeckt vorhanden ist und wieder hervortreten wird, wenn die Bereitwilligkeit dazu vollständig ist.

Obwohl wir in Wirklichkeit nichts mehr ersehnen als zu Logos zurückzukehren, wollen wir zuallererst unser eigenes Ding drehen. Deshalb fürchten wir gleich aus zwei Gründen nichts mehr, als sofort in die Gegenwart Logos einzugehen. Wir glauben, wir könnten unsere herbeigezauberte Ego-Fantasiewelt nicht weiter erkunden. Weil wir das getrennt von Logos tun, fürchten wir gegen ihn gesündigt zu haben und von ihm bestraft zu werden. Das unmittelbare Eintreten ins Gewahrsein Logos wäre eine traumatische Erfahrung. Deshalb liegt ein gewaltiger Widerstand gegen die Wahrheit oder Logos in uns verborgen. Dieser Widerstand manifestiert sich in unserer Ego-Identifikation, die gleichzeitig die Identifikation mit der Welt ist. Der Widerstand ist das Ego schlechthin. Dies alles erzeugt kollektiv wie individuell eine innere Spannung, die sich in Zerstörungswut entladen kann. Wir können das sowohl bei kleinen Kindern beobachten, wenn sie beispielsweise Sandburgen bauen und danach alles niedertrampeln, als auch bei Jugendlichen und Erwachsenen, wenn sie

sich in Randale oder kriegerische Auseinandersetzungen verstricken.

Wir können daraus den Schluss ziehen, dass wir für das
Gedeihen unseres persönlichen Lebens sowie für dasjenige des
Planeten zwei Spuren parallel verfolgen sollten. Um hierher-
zukommen haben wir scheinbar die Glückseligkeit des Him-
mels geopfert, und für diesen hohen Preis erwarten wir einen
Gegenwert. Dieser Gegenwert zeigt sich in der langen Liste
von Erfahrungen, die wir machen wollen und Zielen, die uns
wichtig erscheinen. Könnten wir das nicht ausleben, würden
wir es als großes Opfer empfinden. Es würde Verlust bedeuten
und nur neuem Konflikt Nahrung bieten. Das würde nicht zum
Gedeihen führen. Also müssen wir ausleben, was für uns
wichtig erscheint, ohne uns darin zu verlieren oder uns schuldig zu fühlen. Dies betrifft sowohl die berufliche wie die pri-
vate Seite. Ein Beispiel aus eigener Erfahrung ist das Windsurfen, das ich 30 Jahre lang als Hobby betrieben habe. Ich habe
die gesamte Entwicklung dieser faszinierenden Sportart fast
von Anfang an mitgemacht und den Urlaub jeweils mit Windsurfen verbracht. Viele schöne Bilder und prägende Erinnerungen sind mir aus dieser Zeit geblieben.

Auf Barbados wohnte ich in einem einfachen und etwas
heruntergekommenen, zweigeschossigen Apartmenthaus. Die
Frontseite war teilweise nur vergittert, so dass sich eine natür-
liche Klimatisierung einstellte und es sich mit dem Meeresrau-
schen und dem durch die Palmen wehenden Wind anhörte, als
ob man draußen in der Natur schliefe. Im Rückblick, fast etwas tollkühn anmutend, lernte ich dort, mit fünf Meter hohen
Wellen klar zu kommen. Auf Lanzarote stellten sich danach
bei günstiger Strömung und passendem Wind bis zu zwei Meter hohe Wellen ein. Auf den Wellenkämmen bildete sich eine
brechende Schaumkrone, und das Meerwasser war gefüllt mit
Luftblasen. Da hindurchzufahren war wie eine Skifahrt über

einen schneebedeckten Berghang.

Ganz im Osten Kretas in Palekastro kam der Wind eines Tages aus Süden statt wie üblich aus Nordwesten. In Strandnähe war nur wenig Wind, weil am südlichen Ende der Kouremenos Beach ein riesiger Fels aus dem Meer in den Himmel ragt und für Windschatten sorgte. Weiter draußen deuteten Schaumkronen aber auf starken Wind hin. Nach der mühseligen Fahrt durch den Windschatten erlebte ich draußen auf dem Meer, mit einem für die vorgefundenen Verhältnisse grenzwertig großen Segel, die Naturgewalten von Wind und Wellen. Mit dieser Erfahrung in Erinnerung konnte ich Odysseus Erlebnisse auf dem Meer während seiner Odyssee gut nachvollziehen.

Abb. 7 Windsurfen in Kreta © www.freak-surf.com

Mehrmals war ich in den Süden der griechischen Insel Rhodos nach Prasonisi gereist. Es liegt zwar etwas abgelegen, dafür bietet es viel Natur pur. Der besondere Reiz an diesem Revier sind die zwei lediglich durch eine Sandbank getrennten Buchten – eine mit Flachwasser, die andere mit Welle – und die hohe Windzuverlässigkeit im Sommer. Wenn ich mich gut eingelebt hatte, ging ich bei mittleren Windstärken von der Verleihstation aus gesehen auf die andere Seite zu den Wellen, um sie abzureiten. Bei Starkwind blieb ich auf der Flachwasserseite und drehte meine Runden bis zur völligen Erschöpfung. Wenn der ablandige Wind so richtig stark über das flache Wasser peitschte und ich bei diesen sturmähnlichen Verhältnissen mit hoher Geschwindigkeit über das Wasser gleite te, geradeso an der Grenze der Beherrschbarkeit, aber irgendwie doch noch gut unter Kontrolle, kam ein Hochgefühl auf. Es war das Hochgefühl des Einsseins mit etwas Größerem, mit der Natur, mit dem Universum. Das zu erleben war die Motivation, immer wieder dorthin zu gehen.

In der Psychologie wird dieses Hochgefühl als *flow*-Erleben bezeichnet. Es ist eng mit dem Namen von Mihály Csíkszentmihályi verknüpft, der auf diesem Gebiet intensive Forschungs- und Publikationstätigkeit betrieben hatte. Die Motivation, den *flow* immer wieder erleben zu wollen, wird als *Thrill and Adventure Seeking* bezeichnet. Der glatte Handlungsablauf durch das Aufgehen in der Tätigkeit beim *flow*-Erleben kann eine starke Einengung des Bewusstseins darstellen, weil vieles ausgeblendet wird. *Flow* kann bei diversen Tätigkeiten auftreten wie Felsklettern, Motorradfahren oder Schachspielen. Gerade bei Felskletterern fand Csíkszentmihályi besonders intensive *flow*-Erlebnisse, *deep flow* genannt.[4] In der Sportszene wird aber wenig oder überhaupt nicht über diesen Aspekt des Erlebens reflektiert. Vor allem das süchtig-machende Potential wird scheinbar totgeschwiegen. Als tragisches Beispiel sei an das Schicksal von Ueli Steck erinnert. Er war einer der weltbesten Alpinisten und hatte die Biographien

---

[4] Rheinberg, 156 f.

von anderen berühmten Bergsteigern studiert, die alle um die 40 herum während des Kletterns ihr Leben verloren. Er war ebenfalls in diesem Alter und wusste, dass er mit dem Extrembergsteigen aufhören sollte, ging aber trotzdem wieder in die Gegend des Mount Everest und stürzte auf einer Vorbereitungsklettertour in den Tod. Es sieht so aus, als ob er in eine Sackgasse geraten war und nicht mehr herausfand. Ein Faktor dieser Sackgasse ist der süchtig-machende Aspekt des *flow*-Erlebens. Er wusste offenbar nicht, dass es neben dem Ausleben unserer Sehnsüchte noch eine zweite Spur in unserem Leben gibt, die zu verfolgen wichtiger wird, je älter wir werden. Diese zweite Spur wird zu einer dauerhaften Erfahrung führen, die jeden vorübergehenden Kick des *flow*-Erlebens weit in den Schatten stellen und als modernen Mythos entlarven wird.

Dass das vorübergehende Erleben des Hochgefühls nur ein Ersatz für etwas anderes ist, hatte ich schon in Prasonisi erlebt. Der Gedanke, dass ich den ganzen Sommer, und nicht nur zwei Wochen in Prasonisi beim Windsurfen hätte verbringen können, war begleitet von einem depressiven Gefühl, wie wenn ich etwas suchte, an einem Ort, wo es niemals hätte gefunden werden können. Doch was genau ich suchte war mir zu diesem Zeitpunkt nicht bewusst. Ich wusste nicht, dass ich den Weg zu Logos suchte. Die meisten von uns wissen das nicht, oder wollen es nicht wissen. Und mit dem Älterwerden verlieren wir die Jugendlichkeit und all die Möglichkeiten, die dem Jungsein offen stehen. Als Ersatz beginnen wir in unserem Leben eine Vielzahl von Dramen zu spielen. Wir verlieren die Beweglichkeit, und wenn etwas wehtut, tut es länger weh. Es geschehen Dinge, bei denen wir uns schuldig fühlen oder uns schämen, ergo machen wir ein Drama daraus, weil wir glauben, unsere Unschuld verloren zu haben. Bei mir spielte sich ein Drama in einer etwas anderen Form ab. Ich hatte mich innerlich immer mehr von meiner beruflichen Tätigkeit entfremdet und fürchtete mich davor, ein größeres Softwareprojekt neu anzupacken. Es fühlte sich an, wie im falschen Film zu sein, nachdem ich weniger als vier Jahre zuvor noch geglaubt hatte, dass dies die Arbeitsstelle für mein Leben sein würde. Auf der Suche nach einer Lösung nahm ich genau in dieser Zeit an einem Wochenendseminar zur Einführung in den Schamanismus von Carlo Zumstein teil. Dabei machte ich die drei Erfahrungen: 1. Schamanismus ist überhaupt nicht mein Ding; 2. Auf dem Gebiet der Spiritualität gibt es noch viel zu entdecken; 3. Ich sollte mehr Zeit dafür aufwenden.

Auf der Fahrt nach Hause schaltete ich das Autoradio an. Zwischen Rauschen und Störgeräuschen ertönte ein Klavierkonzert. Es klang so wunderschön, wie von einer anderen Welt, wie wenn es mich in die Gegenrichtung von dem, was ich in der zurückliegenden Zeit versucht hatte zu machen, führen würde. Während ich der Schönheit der Musik aufmerksam lauschte, hatte ich die Eingebung: „Ich bin gerettet, da gehöre ich hin." Es war Mozarts Klavierkonzert Nr. 24 in c-Moll KV 491. Die Bedeutung der Eingebung war mir zu diesem Zeitpunkt nicht klar. Aber mir war klar, dass sich etwas ändern musste. Ein Aspekt von Mozarts Musik ist ihre Leichtigkeit, obwohl es sehr viel Können braucht, um sie in Leichtigkeit erklingen zu lassen. Und Leichtigkeit ist das, was wir wiedergewinnen müssen, so wie wir das bei Kindern beobachten können. In diesem Sinne sollten wir alle Dramen hinter uns lassen und wieder wie Kinder werden, ungeachtet des Alters, gleichzeitig aber mit der Weisheit Logos. Ich fasste den Entschluss, mich der Schwere des falschen Filmes zu entledigen und gab meine berufliche Tätigkeit auf, um Zeit zu haben, meinen Weg zu finden. War das meine Rettung?

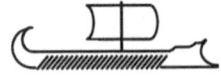

8. Wege zu Logos

Seit meinem 20. Lebensjahr oder sogar schon früher hatte ich das Gefühl, dass es noch etwas geben musste, von dem ich nichts wusste. All die Jahre hindurch dachte ich, dass mir etwas vorenthalten würde, konnte aber nicht sagen, was es war. Ich war schon soweit vorgedrungen zu wissen, dass es etwas mit dem Geist oder der Psyche zu tun haben musste. Im Alter von 39 Jahren reduzierte ich mein Arbeitspensum auf unter 20 Prozent und begann an der Universität Zürich ein Psychologiestudium. Ich war hochmotiviert und sog den Stoff der Vorlesungen richtiggehend in mich ein. Doch gegen Ende des vierten Semesters löste sich meine Vorstellung des Studienzieles im Nichts auf und die Motivation brach wie ein Kartenhaus in sich zusammen. Ich schaffte gerade noch so die zweite Zwischenprüfung und konnte das Grundstudium erfolgreich abschließen. Gegen Ende des fünften Semesters wurde ich krank – eine nervöse Störung der Augenfokussierung – und wusste sofort, obwohl mir das überhaupt nicht in den Kram passte, dass ich das Studium abbrechen musste. Mit dem Entschluss aufzuhören verschwand die nervöse Störung. Viereinhalb Jahre später war auch meine berufliche Karriere verschwunden und ich hatte unendlich viel Zeit herauszufinden, was es war.

In meinem Bücherregal befand sich ein schweres, blaues, golden beschriftetes Buch, von dem ich irgendwie wusste, dass es die Wahrheit enthält, es aber zurückgestellt hatte, weil ich es nicht wirklich verstand. Da ich nichts Besseres zu tun hatte, suchte ich im Internet nach des Rätsels Lösung. Bei einem inländischen Buchhändler stieß ich auf den Titel *Die Illusion des Universums*. Die ersten, etwa 45 Seiten las ich online, bestellte das Buch, las es und verstand. Seither bin ich mit dem

Selbststudium und der Anwendung von *Ein Kurs in Wundern* auf dem Weg zu Logos. In den Anfangsjahren konsumierte ich im Internet viele englischsprachige Audioaufnahmen und Videos zum Thema. Die kurzen YouTube-Videos von Kenneth Wapnick, die im Wochenrhythmus aufgeschaltet wurden, fanden mein besonderes Interesse. Er war der wohl anerkannteste Lehrer des Kurses, schrieb viele Bücher und Essays, gab regelmäßig Seminare und Workshops in Temecula, Kalifornien und veröffentlichte Audio- und Videoaufnahmen. In einer der für mich bedeutungsvollsten YouTube-Videoserien mit dem Titel *Music Melos and Miracles – The Art of Listening* erklärt er, dass Beethoven sein spiritueller Lehrer gewesen war. Auf der Homepage von Susan Dugan entdeckte ich eine Reihe von Interviews mit Wapnick und in einem davon erwähnt er dies ebenfalls.[1]

Kenneth Wapnick und sein spiritueller Lehrer

Mit etwa 16 Jahren begann Wapnick Freud zu lesen, erkannte darin etwas für ihn sehr Wichtiges und entschied, klinischer Psychologe zu werden. Ungefähr zur gleichen Zeit begann sich sein Interesse an klassischer Musik zu entwickeln, nachdem er in Kontakt mit den Beethoven-Sinfonien kam, dirigiert von Toscanini und erschienen bei RCA Victor. Diese eröffneten ihm die Welt von Beethoven, und seine Musik packte ihn wie keine andere. Von da an verlief sein Leben gleichzeitig auf zwei Spuren. Die eine war Schule, Studium und Ausbildung, um klinischer Psychologe und Psychotherapeut zu werden. Die andere war das, was er in Beethovens Musik hörte. In dieser Lebensphase war er weder an Religion noch an irgendetwas Spirituellem interessiert, aber Beethoven war fortan während etwa 10 bis 15 Jahren sein größter spiritueller Lehrer.

---

[1] www.foraysinforgiveness.com – The Quiet Center

Er spürte etwas in seiner Musik, in das er im Laufe der Zeit hineinwachsen würde. Es war für ihn sogar wichtiger als seine Ausbildung, seine Arbeit und seine erste Ehe, nämlich näher und näher an das Innerste dieser Musik zu gelangen.

Neben der Einzigartigkeit von Beethovens Musik kann man durch sein Werk hindurch den gesamten Umfang der spirituellen Entwicklung hören. Und so war es eindeutig ein Vorgang, seine Musik immer wieder zu hören und sein Voranschreiten zu hören. Aus Beethovens Biographie ist nicht ersichtlich, dass am Ende seines Lebens das Ego weg war, aber in den späten Quartetten ist das besonders gut hörbar. Zu einem frühen Zeitpunkt seiner Beschäftigung mit Beethoven las er über diese fünf Quartette und fing an, sie zu hören. Er erinnerte sich, wie er zu sich selber sagte, dass er für diese überhaupt noch nicht bereit gewesen war. Aber sie standen für ihn wie ein Leuchtturm, wie ein angestrebtes Ziel. Er begann wirklich zu merken, dass alles, was in seinem Leben vor sich ging, ihn näher und näher an das brachte, was in dieser Musik zu hören war.

Beethoven brauchte im fortgeschrittenen Alter einen langen Anlauf, um sich wieder in die Gattung der Streichquartette einzuarbeiten. Es kam zuweilen zu Verzögerungen, bis er schlussendlich gegen ein fürstliches Honorar einen Kompositionsauftrag für Nikolaus Galizin ausführte: die drei Quartette Es-Dur op. 127, a-Moll op. 132 und B-Dur op. 130. Auf den häufigen Spaziergängen während des Kompositionsprozesses kamen Beethoven immer wieder neue Ideen, die er sich jeweils notierte, was neben anderen Umständen möglicherweise der Beweggrund war, dass er anschließend noch die zwei Quartette in cis-Moll op. 131 und F-Dur op. 135 komponierte. Das cis-Moll-Quartett unterscheidet sich stark von den vorangehenden. Es ist ein raffiniertes Wechselspiel musikalischer Abschnitte, die einander überlagern wie längere und kürzere

Wellen, ein Spiel, das zugleich zielgerichtet und ziellos wirkt. Deshalb klingt es wie eine vierzigminütige Improvisation. Beethoven hatte zu diesem Werk Skizzen im Umfang von etwa sechshundert (!) Seiten angefertigt. Das F-Dur-Quartett ist Beethovens allerletzte vollendete Komposition mit Opuszahl, und mit ihm endeten zweieinhalb Jahre kompositorischer Anstrengung unter schwierigen Umständen.[2]

Einige Musikwissenschaftler wie auch Wapnick betrachten die Quartette in a-Moll, B-Dur und cis-Moll als eine Einheit. Sie stehen für das Ende der Reise. Im cis-Moll-Quartett findet der Zyklus seinen unvergleichlichen Höhepunkt. Als Wapnick später wirklich begann, in diese Quartette hineinzuhören, wurde ihm klar, dass kein Psychologe auch nur ansatzweise in die Nähe davon kam oder dies erreichte. Er war etwa 25 oder 26 Jahre alt, als er ein Konzert des Juilliard String Quartets besuchte, das Beethovens cis-Moll-Quartett aufführte. Es beginnt mit einem langsamen Satz, einer Fuge, welche nach seinem Dafürhalten den himmlischen Frieden wahrscheinlich so genau wiedergibt, wie das für einen Künstler überhaupt nur möglich ist. Das Quartett besteht aus sieben ineinander fließenden Sätzen, mit verschiedenen Tempi und Stimmungen, aber alles wirkt wie eine Einheit. Als er die Eröffnungsfuge hörte, spürte er zum ersten Mal, wie er zu hören im Stande war, was die Musik wirklich enthielt. Es war eine tiefgreifende Erfahrung für ihn. Er spürte, dass keine Schranken mehr vorhanden waren und er mit etwas Jenseitigen verbunden war. Das war für ihn ein Meilenstein auf dem Weg, in die Musik von Beethoven hineinzuwachsen, um mit ihr eins zu werden.

Mit Schubert machte er eine weitere, wegweisende Erfahrung. Schubert schrieb in seinem letzten Lebensjahr, dem Jahr nach Beethovens Tod, einige seiner größten Werke, ein-

---

[2] Caeyers, 721 f.

schließlich zweier Trios für Violine, Klavier und Cello. Bei einem Vortrag des Es-Dur-Trios konnte Wapnick plötzlich hören, wie ein Teil von Schubert sagte: „Dort werde ich nicht hingehen." Es war wie der Ort, wo Beethoven hinging und zu dem Schubert sagte, dort kann ich nicht hingehen. Danach verstand Wapnick, dass wenn wir ganz genau hinhören, wir in die Seele hineinhören können. Etwa zur selben Zeit las er ein Essay von Richard Wagner mit dem Titel *Über das Dirigieren*, was rückblickend betrachtet, alles miteinander verband.

Wagner bemängelte die deutsche Aufführungspraxis der zeitgenössischen Musik, zu der auch seine Kompositionen zählten. Vereinfacht ausgedrückt vertrat er die Ansicht, dass der Vortrag von Instrumentalmusik mehr sein sollte als nur das schnelle Herunterspielen der Partitur. Ein Vortrag der neunten Sinfonie Beethovens im Gewandhaus Leipzig hinterließ bei ihm nur den allerkonfusesten Eindruck, dass er ob Beethoven derart in Zweifel geriet und sich für einige Zeit von ihm gänzlich abwendete. Wie Schuppen fiel es ihm denn von den Augen, als er 1839 in Paris die neunte Sinfonie gespielt vom Konservatoriums-Orchester unter der Leitung von François-Antoine Habeneck hörte. Habenecks Verdienst ist es, dass er Beethovens Sinfonien in Frankreich bekannt machte. Er leitete das Orchester durch unzählige Proben an, um die Beethovensche Melodie in jedem Takte zu erkennen, bis das neue Beethovensche Melos in jedem Musiker aufgegangen war. Und eben dieses Melos sang das Orchester. Habeneck leitete auch Opernaufführungen, und er meinte, Instrumentalmusik sei nichts anderes als eine Abstraktion von Gesang, was zur Idee führte, dass die Instrumentalmusiker über das Spielen der Noten hinaus zum Singen des Melos gelangen müssten. Und dabei spielt das Tempo die entscheidende Rolle, wie das Wagner in Paris klar wurde. Der alte Habeneck fand das richtige Tempo, indem er durch anhaltenden Fleiß sein Orchester darauf hinleitete, das Melos der Sinfonie zu erfassen. Nur die richtige Erfassung des Melos gibt auch das richtige Zeitmaß an; beide sind unzertrennlich; eines bedingt das andere.[3]

Wagner führte mit seinem Essay das griechische Wort *melos* in die Musikliteratur ein. Es bedeutet soviel wie die innere Melodie in all ihren Aspekten und nicht nur die Noten, welche wir für die Melodie halten. Laut Wapnick ist dieses Melos in uns allen drin. Es ist der Gesang der Liebe, der unsere Essenz ausmacht.[4] Gleichzeitig scheint eine Blockade gegen dieses Melos in uns zu sein und das ist, was er bei Schubert hörte. Diese Blockade ist Ausdruck der kognitiven Dissonanz. Wapnick nahm diese Blockade bei sich selbst ebenfalls wahr, um sie loszulassen. Schlussendlich löste sie sich bei ihm vollständig auf. Als er *Ein Kurs in Wundern* zum ersten Mal sah, war dieser Teil seiner spirituellen Reise abgeschlossen. Die zwei Spuren, in denen sein Leben verlaufen war, hatten sich in einer einzigen aufgelöst. Wie Beethoven hatte sein Fuß die Gefilde am Himmelstor erreicht, den stillen Ort des Friedens, den wir Elysion nennen. Mit *Ein Kurs in Wundern* hatte er seine Lebensaufgabe gefunden. Er war rund 40 Jahre lang an seiner Verbreitung tätig, bis zu seinem Tod. Durch diese Arbeit lernte er Gloria kennen, die seine zweite Ehefrau wurde. Laut seinem langjährigen Weggefährten Jon Mundy war er während dieser ganzen Zeit nie ernstlich krank.

Ludwig van Beethoven

Bei Wapnicks YouTube-Videos fiel mir auf, dass einige davon mit Beethovens sechster Sinfonie in F-Dur „Pastorale" eingeleitet werden. Eines Tages kam mir der Gedanke, dass Wapnick bestimmt einen Grund für diese Wahl gehabt haben muss-

---

[3] Wagner, 15 f.

[4] vgl. Ein Kurs in Wundern, Textbuch, Absatz 21.I Der vergessene Gesang

te. Meine Neugier war geweckt. Zu diesem Zeitpunkt befand sich in meiner CD-Sammlung lediglich Beethovens Violinkonzert. Also sah ich mir mit dem Notebook eine alte Schwarzweiß-Aufnahme mit den Berliner Philharmonikern unter der Leitung von Herbert von Karajan im Internet an. Fast regungslos horchte ich aufmerksam, in Erwartung, was es wohl sei, weshalb er genau diese Musik von Beethoven als Einleitung verwendet hatte. Die Musik kam mir bekannt vor. Beethoven wollte seine sechste Sinfonie nicht als Klangmalerei, sondern mehr als Ausdruck der Empfindungen verstanden wissen, die der Genuss des Landlebens beim Menschen hervorbringt, wobei einige Gefühle des Landlebens geschildert werden. Mit dem „Erwachen heiterer Empfindungen bei der Ankunft auf dem Lande" beginnt die Sinfonie, gefolgt von „Szenen am Bach" mit nachgeahmten Vogelstimmen, und schließt mit den drei zusammenhängenden Sätzen „Lustiges Zusammensein der Landleute – Gewitter, Sturm – Hirtengesang: Frohe und dankbare Gefühle nach dem Sturm." Während des zweiten Satzes war plötzlich die Verbindung da, die Verbindung im gemeinsamen Ziel. In diesem Moment war ich im Geist wie eins mit Beethovens Geist und erlebte, wie er entschlossen und unumkehrbar auf das eine Ziel ausgerichtet sich innerlich auf dem Weg befindet, und erlebte mich, wie wenn ich mich zum selben Ziel verpflichtet hatte, alternativlos gar nicht anders kann und will, als mich kompromisslos diesem einen Ziel anzuschließen.

Diese metaphysische Erfahrung deckt sich mit Wapnicks Erfahrung mit Beethovens Musik. Es ist der Vorwärtsdrang zum einen Ziel, der in seiner Musik zu hören ist, der Weg vom Mythos zu Logos. Als ich etwa zwei Jahre später wieder einmal ein Wapnick-Video mit der Pastoralen als Einleitung hörte, kam mir der Gedanke, dass ich für eine tiefere Beschäftigung mit Beethovens Musik bereit sein könnte. Ich beschaffte mir eine CD-Box mit der Gesamteinspielung seiner Sinfonien mit der Staatskapelle Berlin unter der Leitung von Daniel Barenboim. Ich nahm mir Zeit, in Ruhe der Reihe nach in alle seine Sinfonien hineinzuhören. Basierend auf meinem Erlebnis mit der Sechsten, und in Erinnerung an meine eigene einprägsame Erfahrung einer Offenbarung, wurde mir die Bedeutung des letzten Satzes aus der fünften Sinfonie klar. In der Sechsten war Beethoven auf dem Weg zu Logos genau wie ich. Im letzten Satz der Fünften beschreibt Beethoven sein eigenes Erlebnis einer Offenbarung, die ihm dieses Ziel zu Bewusstsein gebracht hatte. Die fünfte Sinfonie ist seine erste in der Moll-Tonart. Besonders der dritte Satz ist von eher düsterer Natur, und dann dreht die Musik ohne Pause in den vierten Satz hinein, ins genaue Gegenteil, in die hellste Helligkeit, voller Energie und scheinbar endloser Wiederholungen reinsten Jubels. Eine Offenbarung ist nur schwer in Worte zu fassen. Beethoven lässt uns in Form einer Komposition an seinem Erlebnis teilhaben.

Ungefähr ein halbes Jahr später saß ich im großen Konzertsaal des Kultur- und Kongresszentrums Luzern KKL in Erwartung, Beethovens Fünfte zu hören. Als Geschenk an die Bevölkerung organisierte Lucerne Festival zu seinem 75-jährigen Jubiläum, das unter dem Motto *¡Viva la Revolución!* stand, an einem Sonntag im August eine eindrückliche Auswahl an Gratisveranstaltungen. Als ich an diesem Morgen zwei Stunden nach Schalteröffnung für Freikarten anstand, waren Konzerte in kleineren Sälen bereits ausgebucht. Für Konzerte im großen Saal gab es aber noch Karten für den vierten Balkon.

Beethovens Fünfte war laut Programmheft das meistgespielte Werk des Festivals. So berühmte Dirigenten wie Arturo Toscanini hatten das Werk insgesamt 28 Mal interpretiert. An diesem Sonntag stand das Mahler Chamber Orchestra unter der Leitung des Dirigenten Pablo Heras-Casado auf dem Programm. Anders als bei Bezahlkonzerten war das Publikum bunt durchmischt. Ich fragte mich, was es an diesem sooft gespielten Werk wohl noch zu entdecken gäbe. Es soll Bezug auf die Musik der Französischen Revolution nehmen. Das markante rhythmische Kopfmotiv „Ta-ta-ta-taaaa" vom ersten Satz soll gemäß Überlieferung „so pocht das Schicksal an die Pforte" bedeuten. Bezog sich das nun auf sein persönliches Schicksal, die fortschreitende Ertaubung, die ihm schwer zu schaffen machte? Oder hatte es mit den Umbrüchen in der Weltgeschichte zu tun? Die Napoleonischen Kriege waren längst ausgebrochen und brachten große Unsicherheiten mit sich. Rein formal ist die Sinfonie in der düsteren Grundtonart c-Moll geschrieben und wendet im Finalsatz in ein triumphales C-Dur. Damit etablierte Beethoven das Modell „durch die Nacht zum Licht". Die Schicksalssinfonie selbst soll viel über Beethovens Welt- und Menschenbild aussagen, dass sich alles zum Guten richten lasse, und seine mit der Französischen Revolution geteilten Ideale von „Freiheit, Gleichheit und Brüderlichkeit" ausdrücken.

Die Orchestermusiker und danach der Dirigent wurden beim Betreten der Bühne mit Applaus begrüßt. Dann kehrte Ruhe ein und los ging es. „Ta-ta-ta-taaaa!" Mir war, als ob ich während der Aufführung tief in die Musik hinein, und viele Nuancen und Feinheiten heraus hören konnte. Im zügig gespielten Tempo breitete sich große Transparenz aus. Neben dem Hauptmotiv entfaltete sich in den ruhigen Passagen eine Schönheit, wie ich sie in dieser Art bisher noch nicht erlebt hatte. Im zweiten Satz kam ein weiteres Element dazu: Fragezeichen, immer wieder Fragezeichen. Als ob ich Beethovens Gedanken aus der Musik herausgehört hätte, war da immer wieder die Frage, um was es wirklich geht. Alles ist vergänglich, nichts ist von Dauer, alles geht vorbei. Zwischendurch wurde die Musik laut, als ob die materielle Welt sich manifestieren und die Frage zudecken wollte. Doch der Manifestationsversuch fiel rasch wieder in sich zusammen, und die Frage nach dem Sinn war wieder das alles beherrschende Thema. Um eine Antwort ringend wiederholte sich das Spiel von Fragen und Verdrängen mehrmals durch den ganzen Satz hindurch.

Der dritte Satz begann, die Antwort war nicht da und Betrübnis herrschte. Beethoven blickt zurück auf seine Vergangenheit, ob ein Hinweis auf die Antwort erhascht werden könnte. Doch da ist nichts. Die Vergangenheit ist bedeutungslos. In Gegenwart der alles entscheidenden Frage sind vergangene Erfolge, Auszeichnungen, Titel, gesellschaftliche Stellung usw. bedeutungslos, aber genauso deren Kehrseite wie Misserfolge, verpasste Gelegenheiten, Enttäuschungen. Mit dem Voranschreiten im dritten Satz breitete sich eine beklemmende Düsterheit aus und die Musik verlor zunehmend an Energie, als ob etwas unausweichlich am Sterben war. Und dann, als ob das Licht der Musik beinahe ausgegangen wäre, wie aus dem Nichts, erklangen leise Paukenschläge, „bam-bam-bam", und die Musik drehte um 180 Grad, vom dunkelsten Dunkel in die hellste Helligkeit voller Energie: die Antwort! Die immense Erleichterung war mit Händen zu greifen. Im Schlusssatz verleiht Beethoven der wohl tiefgreifendsten Erfahrung, der Offenbarung des Unvergänglichen, in nicht enden wollenden Jubel- und Fanfarenklängen seinen Ausdruck. Das Wesen des letzten Satzes hatte ich schon früher erahnt. Doch mit diesem Erlebnis hatte sich mir die Bedeutung der gesamten Sinfonie eröffnet. Der Schlüssel zu ihrem Verständnis liegt im zweiten Satz. Sie hat nichts mit dem Weltgeschehen zu tun. Sie widerspiegelt Beethovens höchst persönliche Situation.

Der Beethoven vor der Fünften ist ein anderer als der Beethoven nach der Fünften. Sie ist der Wendepunkt. Davor war er beseelt von der Idee, dass sich in der Welt Erfüllung finden und sie durch die ideellen Werte der Aufklärung verbessern ließe, was sich in seinen Werken ausdrückt. Im zweiten Satz der Fünften fällt sein Weltbild auseinander. In den folgenden Werken liegt der Schwerpunkt viel stärker im Ausdruck der inneren Erfahrung. Das Voranschreiten, das aus seiner Musik herausgehört werden kann, hat sein im Inneren anzustrebendes Ziel gefunden. Etwa ein Dreivierteljahr später, nach dem Erlebnis beim Löwendenkmal, fragte ich mich, ob ich dies alles aufschreiben sollte oder ob es nur Einbildung gewesen war. Ich machte den Test und nahm mir Zeit, zuhause in Ruhe die Fünfte anzuhören. Und es war wieder da. Im zweiten Satz wurde es richtig dramatisch. In den leiseren Passagen, zusammen vorgetragen durch die Blasinstrumente Oboe, Flöte und Klarinette, spürte ich Beethovens große Verzweiflung und Not, dass mir fast die Tränen kamen. Ich erfuhr die emotionale Seite der schieren Ausweglosigkeit von Beethovens Situation, und danach im vierten Satz die unendliche Erleichterung. Das war das einzige Mal, dass sich eine metaphysische Erfahrung wiederholt hatte. Offenbar war es keine Einbildung und für mich der Anstoß, mit dem Schreiben zu beginnen. Ein paar Monate später spielte das Luzerner Sinfonieorchester unter der Leitung von James Gaffigan die fünfte Sinfonie. Ich besuchte die Konzerteinführung durch einen Musikwissenschaftler. Er wusste nichts über die Fünfte zu berichten, was ich nicht schon wusste, und die Bedeutung des Schlusssatzes schien ihm ein Rätsel zu sein. Danach saß ich wieder im vierten Balkon des großen Konzertsaals, ohne dass während des Konzerts etwas Außergewöhnliches geschehen wäre.

Die fünfte Sinfonie entstand in einer Zeit, in der bei Beethoven der heroische Stil vorherrschte. Dieser Stil folgt dem

Muster: Geburt, Kampf, Tod, Auferstehung.[5] Auf die Fünfte trifft dies im übertragenen Sinn zu. Die Sechste ist jedoch ganz anders und wirkt in jeder Beziehung wie der genaue Gegenpol. Von Beethoven selbst scheint es nur eine einzige gesicherte Aussage zur Fünften zu geben, nämlich, dass er sie mit der antiken Tragödie verband.[6] Das führt uns direkt in die Zeit, als der Medea-Mythos lebendig war. In den antiken Tragödien geht es oft um Liebesbeziehungen, die aus vielfältigen Gründen unerwartet enden, scheitern, nicht zustande kommen können oder verhindert werden und die ersehnte Erlösung durch die Vereinigung der Liebenden ausbleibt. Und tatsächlich befand sich Beethoven während der Fertigstellung der Fünften genau in einer solchen Situation, die zum Einbruch seines Weltbildes mit beigetragen haben könnte.

Beethoven lebte von Ende 1770 bis Anfang 1827. Aufgewachsen in Bonn, übersiedelte er 1792 nach Wien mit der Absicht, sich vom großen Meister Joseph Haydn in Komposition unterrichten zu lassen. Als Pianist war er bereits ein Klasse für sich. Er war hoch talentiert und versetzte sein Publikum durch seine Improvisationen regelmäßig in Entzücken. Nach einiger Zeit hatte er die Spitze erreicht und wurde zum bekanntesten Pianisten von Wien. Das war insofern bedeutsam, als zu dieser Zeit mit Komposition allein kein Lebensunterhalt zu bestreiten war. 1799 lernte er Gräfin Anna von Brunsvik und ihre beiden Töchtern Therese und Josephine kennen. Beide Töchter spielten ausgezeichnet Klavier. Vor allem die 19-jährige Josephine hatte es ihm mehr als nur angetan. Obwohl Beethoven das Unterrichten hasste, war er nur allzu gern bereit, ihnen Unterricht zu geben, um ihr Klavierspiel zu verbessern. So begab er sich jeden Nachmittag zu den Brunsviks. Nach dem Unterricht blieb er mit ihnen zusammen und gemeinsam unternahmen sie

---

[5] Solomon, 224
[6] Solomon, 235

etwas. Diese glückliche Zeit fand nach wenigen Wochen ein Ende. Mutter Brunsvik hatte einen nach ihrer Ansicht passenden Heiratskandidaten für Josephine gefunden. Trotz ihrem Widerstreben wurde nach wenigen Wochen die Ehe mit dem 47-jährigen Grafen Deym von Stritetz geschlossen, was ihrem Leben in Unbeschwertheit ein abruptes Ende setzte. Beethoven musste sich damit abfinden, dass die Häufigkeit des Klavierunterrichts stark zurückging. Nach einem Jahr stellte sich heraus, dass Josephines Ehemann nicht das war, was er zu sein schien. Es tauchten drei „Adoptivtöchter" auf – Souvenirs aus Deyms früherem Leben – und er war lange nicht so kapitalkräftig wie es den Anschein machte. Mutter Brunsvik war außer sich und wollte eine Scheidung erzwingen. Doch Josephine widersetzte sich; sie hatte anscheinend gefallen an ihrer Ehe gefunden. Sie brachte vier Kinder zur Welt, und Beethoven lernte andere Frauen kennen.[7]

1802 erlebte Beethoven stressbedingt einen Zusammenbrunch. Er nahm eine Auszeit in Heiligenstadt. Sicher machte ihm sein Gehörleiden zu schaffen, etwas vom Schlimmsten, was einem Konzertpianisten und Berufsmusiker passieren kann. 1797 war es das erste Mal aufgetreten, ein Jahr nach einer Erkrankung im Sommer. 1801 wurde ihm bewusst, dass es etwas Ernstes war und seine Berufstätigkeit gefährden könnte. In einer Selbstanalyse oder Standortbestimmung – bekannt geworden als Heiligenstädter Testament – muss er zur Einsicht gelangt sein, musikalische Regeln und Konventionen hinter sich zu lassen, den Weg der eigenen Musiksprache konsequent zu gehen und sich mehr auf das Komponieren zu konzentrieren. Eines der ersten Werke des neu eingeschlagenen Weges ist die Eroica, die dritte Sinfonie in Es-Dur. Beim breiten Publikum fiel das Werk durch, denn es setzte völlig neue Anfor-

---

[7] Caeyers, 213 f.

derungen an die Hörer. Zu dieser Zeit waren vor allem Opern beliebt. Luigi Cherubinis *Medea* war ein richtiger Kassenschlager. Beethovens Klaviersonaten und kammermusikalische Werke wurden dagegen eher im kleineren Rahmen in den Salons der Adeligen unter Musikliebhabern aufgeführt. Die Schwerhörigkeit verschlechterte sich derweil nur langsam. Noch 1812 habe er das Klavierspiel seiner Schüler sehr präzise korrigieren können. Danach trat eine dramatische Verschlimmerung ein. Das rechte Ohr war irgendwann vollständig ertaubt, so dass er selbst ganz auf das nur sehr schwache linke angewiesen war. Sein letzter öffentlicher Auftritt ist datiert auf den 25. Januar 1815. Ab 1818 musste er Konversationshefte oder Schreibtafeln benutzen, um überhaupt „Gespräche" führen zu können. Einigen Berichten zufolge versuchte er immer wieder, Musik zu hören. Noch im Jahr 1822 soll er sich in einem Gasthaus mehrmals ganz nah neben eine Art Musikautomaten gesetzt haben, der die Ouvertüre zu Cherubinis Oper *Medea* spielte. In seinen letzten beiden Lebensjahren war er vollständig ertaubt. Wahrscheinlich war die Erkrankung vom Sommer 1796 ein murines Fleckfieber, das in 15 Prozent der Fälle zu neurologischen Komplikationen führt, unter anderem zu Ertaubung.[8]

Als Josephine 1804 mit ihrem vierten Kind schwanger war, starb ihr Ehemann überraschend an einer Lungenentzündung. Die adelige Witwe übersiedelte mit ihren Kindern von Prag, wohin sie zwischenzeitlich wegen tieferer Lebenskosten gezogen waren, wieder nach Wien. Von ihrem Ehemann wurde sie als Alleinerbin eingesetzt. Die umfassende Verantwortung und viel Arbeit brachten sie an den Rand eines Nervenzusammenbruchs. Ihre jüngere Schwester Charlotte ermunterte sie, wieder Kontakt mit Beethoven aufzunehmen. Dieser eilte umge-

---

[8] Caeyers, 254 f.

hend zu Josephine, um seine musiktherapeutischen Dienste anzubieten und den vor fünf Jahren abgebrochenen, vertrauten Umgang wieder aufzunehmen. Trotz viel Arbeit unterrichtete er sie fast täglich und spielte ihr stundenlang vor. Josephine blühte auf, machte Fortschritte im Klavierspiel und gab im privaten Rahmen bei Gästen von ihrem Können preis. Mehr noch als fünf Jahre zuvor verliebten sich die beiden ineinander und empfanden sich als Seelenverwandte. Doch der Standesunterschied und die Lebensumstände bedingten, dass sie ihre Beziehung geheim halten mussten. Beethoven komponierte in den folgenden Monaten ungewöhnlich viel, darunter so herausragende Werke wie das vierte Klavierkonzert, die vierte Sinfonie, die Rasumowsky-Quartette und das Violinkonzert. Für Josephine hatte ihre Mutterrolle erste Priorität. Beethoven musste sich mit einer platonischen Beziehung abfinden.

Diese Situation zog sich ungefähr drei Jahre hin, bereitete ihm aber je länger je mehr Mühe, führte vielleicht auch zu Missverständnissen, und in gegenseitiger Absprache mieden sie sich eine Zeitlang. Im September 1807 bedrängte der überarbeitete und enttäuschte Komponist seine geliebte Josephine, um sie doch noch zu einer Heirat zu bewegen. Er erreichte das genaue Gegenteil. Sie ließ sich von einem Diener abschirmen und hielt ihn buchstäblich auf Distanz, denn durch die Heirat mit einem Nichtadeligen hätte sie ihren Titel verloren und möglicherweise auch das Sorgerecht für ihre Kinder. Beethoven ging verlassen und einsam einem dunklen Herbst und Winter entgegen. Er stürzte sich erneut in die Arbeit, um die fünfte und sechste Sinfonie fertigzustellen, deren Entwürfe ihn schon seit Jahren beschäftigt hatten. Josephine ging eine zweite Ehe ein, die sich in jeder Hinsicht zu einem Debakel entwickelte. Am Ende starb sie einsam und verarmt 1821 in Wien. Es gibt Hinweise, dass Beethoven, als er später größeren finanziellen Spielraum besaß, Josephine mit Zuwendungen unterstützte.[9] Diese Tragödie sowie weitere Gegebenheiten reihen Gräfin Josephine in den engeren Kreis der möglichen Adressatinnen von Beethovens berühmt gewordenen Brief an die „unsterbliche Geliebte" ein.

Wenn man Beethovens Biographien liest, mag es erstaunen, dass er tatsächlich den Weg zu Logos beschritten haben soll. Vor allem die jahrelangen juristischen Streitereien mit seiner Schwägerin Johanna van Beethoven um die Vormundschaft über seinen Neffen Karl und seine gescheiterten Erziehungsversuche lassen Zweifel aufkommen. Andererseits muss es zu einer Versöhnung gekommen sein, denn sonst wäre Johanna wahrscheinlich nicht zuvorderst im Trauerzug hinter Beethovens Sarg mitgelaufen.[10] Zumindest ein überliefertes Faktum weist auf ein Interesse an spirituellen Dingen hin. Auf seinem Schreibtisch bewahrte er drei von ihm selbst sauber aufgeschriebene und gerahmte Sinnsprüche auf:

Ich bin, was da ist.
Ich bin alles, was ist, was war, was sein wird; kein sterblicher Mensch hat meinen Schleier aufgehoben.
Er ist einzig und von Ihm selbst, und diesem Einzigen sind alle Dinge ihr Daseyn schuldig.[11]

Vielleicht fand er in diesen Sprüchen eine Entsprechung für das, was er in seiner Offenbarung als reinen unveränderlichen Geist erlebt hatte. Beethovens Lebenslauf zeigt beispielhaft, dass der Weg nicht gradlinig verläuft und vieles schief gehen kann. Auch hat es ihn nicht davon abhalten können, viel billigen, mit Bleizucker gesüßten Wein zu trinken. In seinen Haaren und Knochen wurde eine so hohe Bleikonzentration nach-

[9] Caeyers, 340 f., 415, 578
[10] Solomon, 332
[11] Caeyers, 583; Solomon, 184

gewiesen, wie wir das heute nur bei Menschen feststellen können, die von verschiedenen Krankheiten geplagt werden. Diese Bleivergiftung könnte neben dem nicht unerheblichen Alkoholkonsum dazu beigetragen haben, dass Beethoven oft mit gesundheitlichen Problemen zu kämpfen hatte und die schlussendlich zum körperlichen Tod führten.

Beethoven ist im 57. Lebensjahr gestorben. Wir haben derweil mindestens drei verschiedene Alter: das gesetzliche, das biologische und das spirituelle. Das biologische Alter ist dasjenige, das wir sehen. Es scheint durch unsere Gene und Lebensweise bestimmt zu sein. Das spirituelle Alter ist durch die Dunkelheit der unbewussten Schuld in unserem Geist, die unser Licht überschattet, gegeben. Wenn wir sie durch spirituelle Praxis auflösen, läuft das spirituelle Alter rückwärts, und wenn nichts mehr davon übrig ist, verbleibt einzig das Licht. Der Nullpunkt des spirituellen Alters kann mit Transzendenz und Erleuchtung gleichgesetzt werden. Wer dafür noch nicht bereits ist, verharrt in der dritten Phase der kognitiven Dissonanz im Entscheidungsprozess, in der Verleugnung des Lichts und wird nur wenig spirituelle Verjüngung erfahren.

Beethovens Lebenswandel war nicht gerade förderlich, um ein hohes Alter zu erreichen. Bei Menschen auf dem spirituellen Weg konnte oft eine Tendenz festgestellt werden, körperliche Belange zu vernachlässigen. Ein gut funktionierender Körper ist aber Voraussetzung, um genügend Zeit zu haben, substanzielle Fortschritte auf dem spirituellen Weg zu machen. Deshalb sei hier nochmals deutlich betont, dass wir im Leben zwei Spuren gleichzeitig verfolgen sollten. Die eine ist die spirituelle Praxis und die andere eine gedeihliche Lebensführung. Das verschafft uns genügend Zeit, um schlussendlich alle Zeit überflüssig zu machen. Wenn das erreicht ist, werden sich die beiden Spuren in einer einzigen auflösen.

Die Verbindung mit jener anderen Welt

Wapnicks Videoserie *Music Melos and Miracles* legt uns mit der Beziehung zwischen der Musik von Mozart und Beethoven eine weitere Fährte, welche die Dinge in einen größeren Zusammenhang stellt und die Bedeutung des Erlebnisses mit Mozart nach dem Schamanismus-Wochenende aufklärt. Die Fährte führt zum Konzertpianisten und Dirigenten Daniel Barenboim, der berichtet, wie er als 13-Jähriger in London sein Debut mit dem A-Dur-Konzert von Mozart unter der Leitung von Josef Krips gab. In einer Probe sagte dieser zu ihm auf Englisch in seinem Wiener Akzent, wenn du das so spielst, klingt es wie Beethoven: „Beethoven aber ist nicht Mozart. Denn Beethoven strebt zum Himmel, und Mozart kommt vom Himmel."[12] Krips erläutert in seinen Erinnerungen: „Mozart ist für mich der größte. Beethoven erreicht manchmal den Himmel, aber Mozart kommt von dort – wie ein Engel, der nur für kurze Zeit die Erde berührt hat."[13]

Wapnick verwendet bei einigen seiner YouTube-Videos neben der Pastoralen Mozarts *kleine Nachtmusik* als einleitende Musik. Und da es offenbar keine Zufälle gibt, lese ich, wie Beethoven im Rahmen einer Aufführung von Mozarts Klavierkonzert in c-Moll KV 491 zu seinem Berufskollegen gesagt haben soll: „Cramer! Cramer! Wir werden niemals imstande sein, etwas Ähnliches zu machen!"[14] An diese Anekdote hatte ich mich erinnert, als das Klavierkonzert im Rahmen von Lucerne Festival Piano mit dem Tonhalle-Orchester Zürich unter der Leitung von Donald Runnicles und dem Pianisten Andreas Haefliger gespielt wurde. Ich fokussierte meine Aufmerksamkeit darauf, zu hören, woher die Musik kam, und an einer Stel-

---

[12] Barenboim, 147
[13] Krips, 224
[14] Solomon, 120

le konnte ich es tatsächlich hören. Dazu muss man nicht ein ausgeprägter Mozart-Liebhaber sein, denn dieser Ort ist in uns allen drin. Erfahrungsgemäß berühren mich Maurice Ravels Klavierkonzerte stärker, was auch an diesem Abend der Fall gewesen war, als nach der Pause sein Klavierkonzert in D-Dur für die linke Hand aufgeführt wurde.

Krips begann seine Dirigentenlaufbahn mit Opernaufführungen. Schon als Jugendlicher begleitete er häufig verschiedene Sänger auf dem Klavier beim Einstudieren ihrer Gesangsrollen. Dadurch kannte er bald mehrere Opern auswendig. Als einmal ein Dirigent ausfiel und Ersatz gefunden werden musste, kam er auf Empfehlung der Sänger, die ihn fast alle kannten und wussten, dass er dazu imstande war, zu seinem ersten Einsatz. Ein andermal fehlte beim Vorsingen der Pianist. Ohne zu zögern war der anwesende Krips bereit, ohne Noten alle Sänger auf dem Klavier zu begleiten. Dies erweckte das Interesse des Operndirektors und seine Laufbahn kam in Fahrt. Im Rückblick ist er durch seine gesamte Erfahrung auf dem Gebiet der musikalischen Interpretation zur Überzeugung gelangt, dass nur der Atem über die Qualität einer Musikwiedergabe entscheidet. Musik darf man nicht „spielen", Musik muss man atmen. Er meinte damit, dass der Künstler den Atem und dadurch das stetige Strömen des Tones so beherrschen muss, dass er ihn jederzeit an- und abschwellen lassen kann. Atem ist Seele, die Seele ist aber der göttliche Bestandteil in uns. Die Verbindung mit jener anderen Welt – und er glaubte nicht, dass ein Musiker ihre Existenz leugnete –, diese Verbindung mit dem Göttlichen kann daher nur mit dem Atem erzielt werden. Er verlangte von jedem Orchester, dass es „singt" und nicht „spielt". Und das Tempo ergibt sich dann infolge der Art der Atemführung.[15] Diese Darstellung deckt sich

---

[15] Krips, 365 f.

weitgehend mit Wagners Umschreibung des Melos, wie er es durch Habenecks Aufführung der neunten Sinfonie von Beethoven entdeckt hatte.

Krips beschäftigte sich viele Jahrzehnte mit Beethovens Sinfonien. Laut seinem ausführlichen Erfahrungsbericht drückt die vierte Sinfonie eine göttliche Leichtigkeit des Geistes aus. An der Lösung für das im wesentlichen rhythmische Problem des langsamen Satzes im Dreivierteltakt, mit seiner unbeschreiblichen Tiefe, arbeitete er fast 30 Jahre lang. Ein punktiertes Begleitmotiv gegen eine lyrische Kantilene gesetzt, wäre laut Andreas Richter durchaus als ein Dialog zwischen Mann und Frau interpretierbar.[16] Krips betrachtete die vierte Sinfonie als Beethovens Ja zum Leben und vergleichbar mit der Achten, für ihn die wienerischste und zauberhafteste. Nach der achten Sinfonie vergingen rund 15 Jahre, bis Beethoven mit der neunten eine Form vollendeter Meisterschaft schuf.[17] Zu diesem Zeitpunkt war Beethoven fast vollständig ertaubt und dann vertont er ein Freudenthema. Was für ein Widerspruch! Die Spätwerke vieler anderer Komponisten gehen in eine ganz andere Richtung – Schubert wurde bereits erwähnt –, unüberhörbar beispielhaft im letzten Satz in Tschaikowskys sechster Sinfonie „Pathétique" dargestellt.

In dieses Thema lässt sich ein Erlebnis meinerseits mit Chopin einreihen. Eines Abends wurde im Radio die Direktübertragung des Klavierrezitals von Lang Lang im Rahmen von Lucerne Festival Piano ausgestrahlt.[18] Ich hatte noch vor, ein paar Dinge im Büro zu erledigen und dazu etwas Hintergrund-

---

[16] CD-Booklet Beethoven, Barenboim & Staatskapelle Berlin

[17] Krips, 255 f.

[18] Programm: Mozart Sonate C-Dur KV 330, Chopin Sonate Nr. 3 h-Moll op. 58, Schumann Kinderszenen op. 15, Rachmaninow Préludes op. 23 Nr. 2 und 5, Liszt Petrarca-Sonett Nr. 104 S 161 Nr. 5 und Ungarische Rhapsodie Nr. 2 S 244

musik laufen zu lassen. Es kam anders. Lange blieb ich nicht im Büro sitzen, sondern fand mich umgehend auf dem Sofa in optimaler Hördistanz zur Stereoanlage wieder, aufmerksam der Musik lauschend. Lang Lang, bekannt für seine Chopin-Interpretationen, vertiefte sich auch diesmal in diesen musikalischen Kosmos. Und das war nachhaltig beeindruckend, so dass ich mich fragte, wie es denn nur möglich sei, aus der wunderbaren Schönheit dieser Musik solcherart abgrundtiefe Ausweglosigkeit hervortreten zu lassen. Wie ist das nur möglich? Wie hält das der Interpret nur aus? Bei diesem Gedanken tauchten in mir Chopins Worte hervor: „Es gibt keinen Ausweg, es ist ausweglos." Auf dem Höhepunkt seines Schaffens war Chopin offensichtlich schon so stark von seiner Krankheit gezeichnet, höchstwahrscheinlich Tuberkulose, dass er bewusst oder unbewusst keinen anderen Weg mehr als den Untergang im Tod vor sich sah, und diese Stimmung widerspiegelt sich in seinen späten Werken.

Bei Beethoven ist das ganz anders, ein starkes Indiz, dass er auf dem Weg, über den Tod hinaus, zu Logos war. Bei einem Konzert der Neunten mit dem Sinfonieorchester Luzern unter der Leitung von James Gaffigan spürte ich lediglich im dritten Satz ein leichtes Bedauern. Krips scheint sich bei seiner Deutung der Neunten an das heroischen Muster – Geburt, Kampf, Tod, Auferstehung – anzulehnen. Für ihn bestimmt der Kampf um Leben und Tod die ersten zwei Sätze. Im dritten nähert sich Beethoven seinem Ende. Der Tod pocht mit Trompeten an die Pforte; Beethoven weigert sich mit den Geigen. Seine Antwort ist „Nein" bis zum letzten Augenblick. Am Schluss des Satzes begegnet er jedoch seinem unabwendbaren Tod. Jahrzehnte hindurch habe Krips das so empfunden. Das Finale ereignet sich für ihn nicht mehr auf dieser Welt. In seinen persönlichen Visionen sieht er im Geist genau den Augenblick, in dem Beethoven den Himmel betritt.[19] Ich habe das nicht so dramatisch empfunden. Im ersten Satz legt Beethoven eine erhaben majestätische Haltung vor. Im zweiten Satz fällt die Harmonie auseinander und macht bestenfalls berauschender Stimmung, wenn nicht gar hervorbrechender Dissonanz, Platz. In der Pause vor dem dritten Satz betritt der Chor das Podium. Nach dem rauschhaften zweiten Satz macht sich im dritten Ernüchterung breit. Er ist geprägt von einer verträumt-melancholischen Stimmung, als ob Beethoven etwas hinter sich zu lassen oder aufzugeben hätte, dem er mit einem leichten Seufzer des Bedauerns begegnet. Bei starker Ego-Identifikation mag dieser Umstand jedoch dem Tod gleichen. Und dann, ohne Pause, beginnt der vierte Satz mit einer hereinbrechenden Fanfare, gefolgt von kurzen Reminiszenzen an die ersten drei Sätze, umspielt von den Kontrabässen und Violoncelli. In den Skizzen hat Beethoven die Rezitative kommentiert. Zum ersten schreibt er: „o nein, dieses nicht, etwas anderes gefälliges ist es was ich fordere." Zum zweiten: „auch dieses nicht, ist nicht besser, sondern nur etwas heiterer." Zum dritten: „auch dieses es ist zu zärtl. etwas aufgeweckteres muss man suchen wie die… ich werde sehn dass ich selbst euch etwas vorsinge […] stimm… mir nach." Und dann erklingen zum erstem Mal – ohne dass der Hörer sie schon als Ankündigung der Erlösung begreift – vier Takte des „Oden"-Themas; in der Skizze jubelt der Komponist: „dieses ist es ha es ist nun gefunden Freude schöner."[20] Möglicherweise schildert Beethoven in den ersten drei Sätzen unterschiedliche Lebensentwürfe oder Gefühlslagen als Reaktion auf die Schrecken der Welt, die er am Anfang des Finales noch einmal prüft und als Lösungen verwirft. Ganz sachte entwickelt sich das Freudenthema und breitet sich auf das gesamte Orchester aus. Die sich an-

---

[19] Krips, 259 f.

[20] Caeyers, 692

bahnende Erlösung wird durch Wiederholung der hereinbrechenden Fanfare abrupt gestoppt und bereitet dem Einsatz des Solobassisten den Boden mit Beethovens selbst erdachtem Text, um seiner Verwerfung Nachdruck zu verleihen: „O Freunde, nicht diese Töne! Sondern lasst uns angenehmere anstimmen und freudenvollere!" Alternierend singen Bassist und Chor „Freude! Freude!", gefolgt von Beethovens mit geändertem Inhalt versehener kompakten Neudichtung von Schillers Trinklied „Ode an die Freude".

Freude, schöner Götterfunken, Tochter aus Elysium,
Wir betreten feuertrunken, Himmlische, dein Heiligtum.
Deine Zauber binden wieder, Was die Mode streng geteilt;
Alle Menschen werden Brüder, Wo dein sanfter Flügel
weilt...

Die raffinierte Dramaturgie der neunten Sinfonie lässt uns im Konzertsaal vergessen, dass sie über eine Stunde dauert. Nach solch einem freudetrunkenen Erlebnis darf es umso mehr erstaunen, dass Beethoven dieses Meisterwerk nie wirklich von Musikern aufgeführt gehört hatte, sondern nur in seiner Vorstellung mit seinem inneren Orchester. Für mich hat diese Sinfonie etwas Ultimatives an sich. Sie lässt sich als Lehre in kognitiver Dissonanz deuten: Es werden drei Dissonanz-reduzierende Strategien vorgestellt, um die Wahrheit zu verleugnen. Diese werden schließlich alle verworfen. und in Freude löst sich die Dissonanz auf. Im Text zum Freudenthema begegnen wir mehrmals einem unserer Schlüsselwörter, hier in der Lateinischen Form Elysium genannt. Die „Tochter aus Elysium" könnte als Anspielung auf Medea gedeutet werden, denn symbolisch werden in Medea alle Menschen als Brüder vereint.

Meine Erfahrungen mit Musik hatten die Bedeutsamkeit von Wapnicks Videoserie *Music Melos and Miracles* für mich derart unterstrichen, dass ich sie transkribiert und übersetzt habe. Als ich den Text in meiner Muttersprache lesen konnte, wurde mir bewusst, dass Wapnick aus einem Ort zu uns spricht, an dem ich nicht war. Diesen Ort nennen wir Elysion. Es bestätigte mir, dass Wapnick tatsächlich das Ego hinter sich gelassen und im Elysion angekommen war, was auch zwischen den Zeilen aus dem Interview von Susan Dugan mit ihm herausgelesen werden kann. Damit schließt sich der Kreis. So wie Wapnick den Weg zum inneren Frieden und das Ziel in Beethovens Musik erkannt hatte, so können wir bei ihm erfahren, wie er durch seine Lebensführung davon spricht. Zusammenfassend können wir festhalten: Mozart eröffnet uns, wo wir hingehören, und Beethoven zeigt uns den Weg dahin. Beethoven und Wapnick demonstrieren uns, dass mit und durch Musik der Weg zu Logos beschritten werden kann.

Die Umsetzung

Mein Einstieg in die Welt der klassischen Musik war erst im Alter von rund 30 Jahren erfolgt. Ich lernte jemanden kennen, der bei sich zuhause einen alten Steinway-Konzertflügel stehen hatte und mir diverse Stücke vorspielte. Das erinnerte mich an meine Kindheit, als es mich fasziniert hatte, wenn der Lehrer oder ein Mitschüler Klavier spielte. Als Kind hatte ich nicht die Möglichkeit, das Klavierspiel zu erlernen, doch durch die neue Bekanntschaft kam mir die Idee, es zu versuchen. In der öffentlichen Musikschule war mitten im Schuljahr eben ein Platz frei geworden, und der Unterricht konnte sofort beginnen. Die chinesische Klavierlehrerin war auch ausgebildete Konzertpianistin. Es war hoch motivierend, wie sie das alte Schulklavier zum Singen brachte und dann zu versuchen, es ihr gleichzutun. Ich hatte nur ein Ziel: Rachmaninows Klavierkonzert Nr. 3 spielen zu können. Nach ungefähr drei Jahren fleißigen Übens war ich soweit, dass ich einfache Stücke mit Themen aus Rachmaninows Klavierkonzerten Nr. 2 und 3, sowie seine bekannte Klavierminiatur op. 3 Nr. 2 einigermaßen spielen konnte. Ich musste aber auch meine Grenzen kennen lernen: Ich konnte nicht gleichzeitig Noten lesen und spielen und die Motorik war nicht ausreichend, um die Finger einer Hand schnell und kontrolliert gegeneinander zu bewegen, wie das bei Mozart erforderlich ist.

Seitdem genieße ich klassische Musik als Zuhörer. Neulich besuchte ich ein Konzert mit Rachmaninows drittem Klavierkonzert als letztem Programmpunkt. In der ersten Konzerthälfte musste ich, wie ich mir das im voraus dachte, schon wieder Beethovens Fünfte anhören. „Ta-ta-ta-taaaa!" Der Dirigent Michael Sanderling führte das Luzerner Sinfonieorchester durch die Partitur Beethovens und ich bekam Gänsehaut. Auch das Klavierkonzert mit dem Pianisten Behzod Abduriamov klang wie aus einem Guss. Gegen Ende des ersten Satzes erinnerte ich mich, wie die Klavierlehrerin vor rund 25 Jahren auf die Beschleunigung des Tempos hinwies (oder war das beim zweiten Klavierkonzert?). Der Kontrast zwischen diesen beiden gespielten Werken, wie sie das Leben der Komponisten spiegeln, hätte nicht größer sein können. Trotz all der Magie von Rachmaninows Klavierkonzerten klingt seine Musik rückwärtsgewandt, melancholisch und am Ort stehen bleibend; Beethoven schreitet unaufhaltsam voran zu etwas Größerem.

Im Radio erzählte der Dirigent Mario Venzago von seinem kürzlich erlebten Glück, als er mit dem Berner Sinfonieorchester die dritte Sinfonie von Brahms spielen durfte. Dabei war so ein Moment entstanden, wo plötzlich alles gestimmt hat. Es war blitzsauber, es war vollständig zusammen, und jeder war beteiligt. Er hatte auch das Gefühl, dass sie alle einen Moment lang etwas Ähnliches spürten. Es ist eine heilige Euphorie, bei der man nicht außer sich, sondern komplett in sich ist. Man findet irgend etwas innerhalb seiner selbst, wo man zur Ruhe kommt und bleiben möchte. Da ist der Nukleus von einem selbst. Das ist der Punkt, wo man lebt und für den man lebt und durch den man lebt. Aber der ist ganz verborgen. Es kann wie zu einer Sucht nach dieser Bekanntschaft mit dem ewigen Teil in uns kommen. Es ist ein Zustand der Überklarheit, das Gegenteil von einem Rausch, wie er mit Drogen herbeigeführt werden kann.[21]

Diese Beschreibung erinnert mich wiederum an eine Aufführung der fünften Sinfonie von Mendelssohn, gespielt vom Luzerner Sinfonieorchester unter der Leitung von James Gaffigan. In diesem Konzert war so ein Moment entstanden, der, wie ich glaubte, Musiker wie Publikum ergriffen hatte. Nach dem Konzert wussten wir, warum wir leben. Im Film *Trip To Asia – Die Suche nach Einklang* mit den Berliner Philharmonikern berichten Musiker über ähnliche Erfahrungen.

Nun geht es darum, diese vorübergehende, heilige Euphorie in einen dauerhaften Zustand überzuführen. Die Lösung kann nicht hierin liegen, wie Süchtige dem vorübergehenden Hochgefühl nachzurennen. Wenn wir es erleben dürfen, freuen wir uns in Dankbarkeit, mit dem Kern unserer Essenz verbunden zu sein. Dieser Kern ist immer da. Der direkteste Weg zur dauerhaften Erfahrung führt jedoch scheinbar in die Gegenrichtung, indem wir uns die Hindernisse bewusst machen, welche wir zwischen uns und unseren ewigen Teil geschoben haben, um sie aufzulösen. Der schnellste und effizienteste Weg führt über das Auffindigmachen und Auflösen unserer Konflikte, die sich in unseren zwischenmenschlichen Beziehungen zeigen. Die Mutter aller Beziehungskonflikte ist Medeas und damit unser aller scheinbar erste und eine Entscheidung gegen Logos, um eine eigene Fantasie getrennt von ihm ausleben zu

---

[21] Radio SRF2 Kultur, Musik für einen Gast, 6.5.2018

können. Um diese Fantasie zu unserer Wirklichkeit erheben zu können, mussten wir mit der Dissonanz-reduzierenden Strategie der Verdrängung arbeiten. Dadurch wurde unsere Beziehung des Einsseins mit Logos ins Gegenteil verkehrt. Er wurde zu unserem Feind. Dieses Geschehen rumort im Unbewussten und findet durch kognitive Dissonanz in unseren Beziehungen ihren Ausdruck. Wenn wir bereit sind diese Konflikte nicht mehr als gegeben hinzunehmen, sondern als selbstverursacht zu akzeptieren, dann können wir mit der Arbeit beginnen. Wir müssen also lernen, die Fehler bei uns selbst und nicht bei anderen zu sehen, denn andere können wir nicht ändern, aber an uns selbst können wir arbeiten. Was noch nie funktioniert hat und auch nie funktionieren wird, ist, die Schuld auf andere abzuschieben.

In unseren Beziehungen widerspiegelt sich unser erster und einziger Konflikt, den wir glauben, zu haben. Das, was scheinbar in Opposition zu Logos steht und uns zu beherrschen scheint, ist das Ego. Unser Ego scheint oft in Konflikt mit dem der anderen zu sein. Die meisten, längsten und intensivsten Beziehungskonflikte haben wir mit nahestehenden Personen, mit Eltern, Geschwistern, Kindern, Partnern usw. Indem wir lernen, diese Beziehungen anders zu betrachten, weil deren Ego als Spiegel unseres eigenen fungiert, können wir unser eigenes Ego kennen lernen. Auf den Punkt gebracht ist Ego gleich Schuld. Was wir jedoch erleben ist eine Täuschung des Bewusstseins, die Folge einer Fantasie. Wenn wir uns also ärgern und uns gleichzeitig erinnern, dass der Ärger nichts mit der anderen Person zu tun hat, sondern unserem Ego-Versuch gleichkommt, Schuld abzuschieben, dann können wir den Spieß gegen das Ego umdrehen, den Ärger zurücknehmen, ihn ins Leere laufen lassen und die eingebildete Schuld durch die Wahrheit ersetzen lassen. Wenn wir zu dieser Umkehr bereit sind, eignen wir uns ein anderes Denksystem an, das dem Ego-

Denksystem entgegengesetzt ist. Dies ist bewusst machende Arbeit. Sie kommt einem geistigen Training gleich, das schlussendlich in spiritueller Hinsicht zu geistiger Gesundheit führt. Damit lösen wir die kognitive Dissonanz vollständig auf, was nichts anderes bedeutet, als dass wir uns der Aufgabe stellen, alle Konflikte, alle Kriege, alle Katastrophen, alle Ungerechtigkeiten, alle Hungersnöte, alle Krankheiten usw. zu beenden. Alle! Ein utopisches Ziel? Keineswegs, sogar das einfachste und völlig im Einklang mit Logos, weil unzweideutig und logisch, aber nicht leicht zu erreichen. Durch das Auflösen des inneren Konflikts werden wir harmlos – wir geben die Fähigkeit auf, anzugreifen und uns zu verteidigen – und aus dieser Wehrlosigkeit erwacht in uns die ewige Stärke und unbezwingbare Macht Logos.

Eine ausführliche Anleitung des Weges zu Logos mit einem praktischen Übungsteil ist *Ein Kurs in Wundern*. Bei Büchern und Anleitungen, die durch ein inneres Diktat oder Channeling übermittelt wurden, ist immer Vorsicht geboten. Da unser kollektiver wie individueller Geist gespalten ist, können diese Übermittlungen folglich nur von der einen oder anderen Seite stammen, egal unter welchem Namen sich die Quelle ausgibt. Mit etwas Übung lässt sich leicht am Inhalt ablesen, von welcher Seite das Material stammt. Alle Werke, die in irgendeiner Weise die Welt oder das Universum mit all den Möglichkeiten an evolutionären Entwicklungen glorifizieren, den Ursprung und die damit verbundene kognitive Dissonanz und Schuld jedoch ausblenden, stammen vom Ego. In solchen Werken mag die Rede vom Kampf zwischen Lichtwesen und dunklen Mächten sein. Wer wird den Kampf zwischen gut und böse gewinnen? Weder die eine noch die andere Seite. Der Kampf wird ewig weitergehen, Auge um Auge, Zahn um Zahn. Das ist die Überlebensstrategie des Ego. Fast alles aus den Bereichen Esoterik und New-Age ist in irgendeiner Weise nach diesem Muster gestrickt. Zu den wenigen mir bekannten und zeitgemäßen Grundlagenwerken, die von der Gegenseite stammen, uns die Sinnlosigkeit des Kampfes vor Augen führen und die Natur des Ego enthüllen, zählen *Ein Kurs in Wundern* und *Die Interpretation des Neuen Testaments durch den Heiligen Geist*.[22] Wer eher dazu tendiert, die Schuld aus dem Unbewussten zu internalisieren (siehe Seite 70), mag sich durch die teilweise krasse und direkte Bildsprache von *Ein Kurs in Wundern* irritiert fühlen und sich leichter mit dem zweiten Werk, sowie meiner Einführung dazu anfreunden können. Am meisten werden wir aber lernen, wenn wir uns mit beiden Werken beschäftigen. Als hilfreicher Einstieg haben sich für viele Interessierte das Buch *Die Illusion des Universums* von Gary Renard und seine nachfolgenden Werke erwiesen. In seinen Büchern wird uns auf formaler Ebene ein Dialog zwischen ihm und zwei aufgestiegenen Meistern präsentiert. Auf inhaltlicher Ebene entspricht dies einer Unterweisung desjenigen Teils unseres Geistes, der Entscheidungen treffen kann, durch den Heiligen Geist, den wir Anámnesis genannt haben. So verstanden werden wir direkt angesprochen.

Im realen Leben wie auch in der Onlinewelt kann beobachtet werden, wie *Ein Kurs in Wundern* von verschiedenen Seiten vereinnahmt und falsch gedeutet wird. Selbsternannte Meisterlehrer, die Gruppen wie Sekten um sich scharen, genießen Guru-Status. Dabei ist *Ein Kurs in Wundern* zum Selbststudium gedacht und tagtäglich anwenden lässt er sich am besten im nahen Umfeld. Der Austausch mit anderen Kursschülern dient in erster Linie dem Erfahrungsaustausch und dem Klären von Fragen. Es kann passieren, dass wir auf Exponenten stoßen, die sich als Experten in der Theorie des Kurses ausgeben und fast beliebige Stellen zitieren können, den Kurs

---

[22] The Holy Spirit's Interpretation of the New Testament

aber nicht leben. Das kann sich darin äußern, dass sie leicht dem Urteilen anheimfallen und wir ihren Ärger zu spüren bekommen, wenn sie sich provoziert fühlen. Die Theorie in der Alltagspraxis nicht anzuwenden ist etwa gleichbedeutend wie mit dem Lesen über Musik, ohne sie je gehört zu haben. Und so wird uns in der Kursgemeinschaft, gleich wie an anderen Orten, das gesamte Spektrum von Menschen begegnen.

Es mag andere Wege zu Logos geben, doch ich schreite seit 2008 durch das Studium und die Anwendung von *Ein Kurs in Wundern* voran und treffe mich regelmäßig mit einer kleinen Gruppe von Gleichgesinnten. Dabei hat mich Musik immer begleitet und zu unerwarteten Erlebnissen geführt. Ein weit verbreitetes Missverständnis scheint darin zu liegen, dass auf dem Weg zu Logos Dinge aufgegeben werden müssen. Das ist ein Irrtum, denn wir müssen nicht die Dinge selbst aufgeben, sondern die Werte, die wir in die Dinge gesetzt haben. Die Praxis im Entsagen der Welt bedeutet ganz konkret, dass wir jeden Wert, den wir den Dingen zugeschrieben haben, infrage stellen müssen, bis die Werte aufgelöst und bedeutungslos geworden sind. Damit befreien wir uns vom Anhaften an den Dingen der Welt, ohne sie selbst aufgeben zu müssen. Das ist ein wichtiger Aspekt auf dem Weg zu Logos, erfordert einiges an geistiger Arbeit und spielt sich in vielen kleinen Schritten ab. Leider geht es nicht so einfach wie in der antiken Überlieferung zum Elysion, wo ein Nektar-ähnlicher Trank aus einer Quelle der Lethe ewiges Vergessen allen irdischen Leidens ermöglicht. Beethoven hatte alle diese Dinge möglicherweise durchschaut, denn seine letzte Komposition schrieb er auf die bedeutungsvollen Worte: „Wir irren allesamt …"[23]

---

[23] Caeyers, 745

9. Harte Fakten

Die theoretische Physik ist bestrebt, eine vollständige verein-
heitlichte Theorie zu finden, die sowohl große Ereignisse vor-
hersagen kann, was mit der allgemeinen Relativitätstheorie
möglich ist, als auch das Verhalten von Atomen und kleineren
Phänomenen, was die Quantenmechanik ermöglicht. Erst 2015
wurden Gravitationswellen von der LIGO-Kollaboration durch
eine direkte Messung nachgewiesen, ein Phänomen, das die
allgemeine Relativitätstheorie von Einstein vorausgesagt hatte.
Gravitation ist in der Quantenmechanik nicht enthalten, in der
allgemeinen Relativitätstheorie spielt sie aber eine wesentliche
Rolle, denn sie ist für die Krümmung der Raumzeit verantwortlich. Die Raumzeit könnte derart gekrümmt sein, dass
Reisen in die Vergangenheit möglich erscheinen. Laut Stephen
Hawking führt diese Vorstellung zur paradoxen Situation, dass
die Vergangenheit verändert werden könnte. Das Paradox der
Zeitreise wirft eine Reihe von Fragen auf, unter anderem die
nach der Konsistenz der Geschichte und der Willensfreiheit.
Natürlich könnte man einwenden, dass die Willensfreiheit sowieso eine Illusion ist. Wenn es wirklich eine vollständige ver-
einheitlichte Theorie gibt, die alles festlegt, dann bestimmt sie
vermutlich auch unser Handeln.[1]

Hawking betrachtet alle Phänomene aus einer rein mathematisch-physikalischen Perspektive, und wenn etwas unerklär-
lich erscheint, bringt er Gott ins Spiel. Das kommt einer stark
eingeschränkten Betrachtungsweise gleich, weil vieles ausgeblendet wird, und andere Denkkonzepte außen vor gelassen
werden. So wird die Idee, dass der Geist, der die hier auf der
Ebene der Welt beobachteten Phänomene zu erklären ver-

---

[1] Hawking, Geschichte, 208

sucht, sie aber auf einer uns nicht bewussten, übergeordneten kollektiven Ebene selbst verursacht hat, nicht berücksichtigt. Vielleicht ist das ganze Spiel sogar so eingerichtet, dass wir von hier aus mit dem mathematisch-physikalischen Ansatz nie alles durchschauen werden und durch immer wieder neue Entdeckungen an der Nase herumgeführt werden. Wenn wir jedoch andere Wissensgebiete miteinbeziehen, lassen sich Antworten zu den Themen Vorbestimmung, Zeitreisen, freier Wille usw. skizzieren.

Sklave des Gehirns

Die Forschung im Bereich der Neurowissenschaften stellt manche unserer Vorstellungen zum freien Willen infrage. In den gemeinschaftlich erstellten Mitschriften zur Vorlesung Biopsychologie über Gehirn und Verhalten von Lutz Jäncke an der Universität Zürich finden sich zwei experimentelle Befunde zum Thema.

Im einen Experiment wurden auf der Kopfhaut elektrische Sonden aufgebracht, um mittels Elektro-Enzephalogramm (EEG) die Aktivierungspotentiale des Motor-Cortex, von wo aus die Bewegungen gesteuert werden, zu messen. Die Versuchspersonen wurden angewiesen, auf eine Uhr vor sich zu blicken, in beliebigen Abständen eine Taste zu drücken und jeweils anzugeben, zu welchem Zeitpunkt willentlich entschieden wurde, die Taste zu drücken. Die Messungen führten das überraschende Resultat zutage, dass sich im Motor-Cortex schon vor dem willentlichen Entscheid ein Aktivierungspotential aufgebaut hatte. Das lässt die Vermutung aufkommen, dass der freie Wille lediglich eine Interpretation der von Gehirnfunktionen hervorgerufenen Handlungen ist. Ist der freie Wille also eine Illusion?

Forscher sind nach meiner Erfahrung häufig bestrebt, möglichst spektakuläre Ergebnisse publizieren zu können. Dies ist ein typisches Beispiel, in dem ein wesentlicher Aspekt verschwiegen wurde. Die Aufgabenstellung bestand nicht nur aus dem Drücken einer Taste, sondern mindestens aus den drei Teilen: Zeitfunktion „in beliebigen Abständen", Taste drücken und Uhr ablesen. Alle diese Aufgabenteile müssen sich in irgendeiner Form in neuronalen Aktivitäten niederschlagen. Die dem Entscheid vorangehende Aktivierung des Motor-Cortex könnte der Zeitfunktion entsprechen und den Bereitschaftsaufbau, die Taste zu drücken, widerspiegeln. Es wird also antizipiert, die Taste zu drücken, und das lässt die Aktivierung im Motor-Cortex ansteigen. Wenn die Aktivierung einen bestimmten Wert erreicht hat, fällt der Entscheid, was antizipiert wurde, auszuführen. Der freie Wille bliebe also erhalten, wenn er mit dem Antizipieren und nicht mit dem Entscheid ursächlich verbunden würde.

Etwas anders sieht es mit den Befunden von Wilder Penfields wissenschaftlicher Forschung aus. Er war Neurophysiologe und Neurochirurg. Zu seiner Zeit versuchte man Patienten mit starker Epilepsie mittels Gehirnoperation zu helfen. Ein epileptischer Anfall ist wie ein neuronales Gewitter, das sich über die Großhirnrinde ausbreitet. Dabei verliert die betroffene Person die Kontrolle über die Bewegungen des Körpers. Es kann zu Stürzen und Verletzungen kommen. Die Idee war, dass wenn der Anfall auf einer Seite beginnt und sich nicht auf die andere Körperseite ausbreiten kann, dass so zumindest über die Hälfte des Körpers während eines Anfalls die Bewegungskontrolle erhalten bliebe. Um dies zu erzielen, wurde den Patienten das Corpus callosum, das die beiden Hälften der Großhirnrinde miteinander verbindet, durchtrennt. Dazu wurde den Patienten unter Lokalanästhesie die Schädeldecke geöffnet, um Zugang zur Großhirnrinde, dem Cortex, zu bekommen. Der Cortex selbst ist gefühllos. Die Patienten spürten absolut nichts während dieser Behandlung. Die Durchtrennung führte zu keinen nennenswerten Nebenwirkungen im Alltagsleben. Wenn ein Forscher wie Penfield ein offenes Gehirn vor sich hat, dann führt er selbstverständlich eine Reihe von Tests durch. Die Patienten waren also bei vollem Bewusstsein, als im Cortex nacheinander an verschiedenen Stellen eine Elektrode platziert und elektrisch stimuliert wurde. Dies löste bei den Patienten bestimmte Bewegungen oder Empfindungen aus. Mit der Zeit gelang es Penfield, spezifischen Stellen auf dem Cortex bestimmte Funktionen zuzuordnen und es entstand eine Art Karte, die motorischer und sensorischer Homunkulus genannt wird.

Wenn im motorischen Homunkulus das Areal für die rechte Hand stimuliert wurde, löste dies Bewegungen oder Zuckungen in der rechten Hand aus. Penfield befragte dann die Patienten, was sie gerade machten, und die sagten: „Ich wollte gerade meine Hand bewegen." Sie sagten dies, obwohl sie nicht wussten, ob und welches Areal gerade stimuliert wurde. Dies ist umso bemerkenswerter, als die Handlung von außen ausgelöst wurde und nicht durch eine willentliche Entscheidung des Patienten. Und dann erzählt der Patient: „Das war mein Wille." Der freie Wille scheint also lediglich eine Interpretation oder eingebildete Nachwirkung der im Gehirn ablaufenden Prozesse zu sein. Zu solchen wissenschaftlichen Experimenten bemerken Hawking und Mlodinow, dass es den Anschein hat, dass wir lediglich biologische Maschinen sind, und dass der freie Wille nur eine Illusion ist. Diese Schlussfolgerung erzeugte bei ihnen beiden offenbar kognitive Dissonanz, der sie mit der effektiven Theorie begegneten, dass der Mensch einen freien Willen hat. Die Lehre von unserem Willen und das aus ihm resultierende Verhalten ist die Psychologie.[2] Als ehemali-

---

[2] Hawking, Entwurf, 34 f.

ger Psychologiestudent und mit langjähriger Erfahrung auf metaphysischem Gebiet versuche ich ein etwas differenziertes Bild zu zeichnen. Wir sehen hier aber eine typische, bei Wissenschaftlern manchmal anzutreffende Disposition, die verhindert, dass sie je finden werden, was sie zu suchen vorgeben, denn wenn sie es tatsächlich finden würden, würde es ihren Glauben an das von ihnen vertretene Denksystem und den freien Willen zunichte machen.

Heute ist es etabliertes Wissen, dass, wenn draußen im Körper etwas weh tut, das Weh nicht da draußen im Körper stattfindet, sondern in der neuronalen Repräsentation im Gehirn und durch unser Bewusstsein als Weh draußen im Körper gedeutet wird. In seinen Experimenten griff Penfield sehr tief in die Gehirnfunktionen ein. Er nahm direkt Manipulationen in den neuronalen Strukturen des Gehirns vor. Wie sind seine Befunde in ein größeres Ganzes einzuordnen? Spielen sie den Vertretern in die Hände, die glauben, dass das Bewusstsein eine Folge von Gehirnprozessen ist? Das Einzige, was wir bis hierhin mit Bestimmtheit aussagen können, ist, dass das Bewusstsein in Bezug auf den Körper eine interpretierende Funktion wahrnimmt. Inwieweit das Bewusstsein in Bezug auf den Körper eine agierende Funktion einnimmt und wie es mit der Willensfreiheit bestellt ist, soll anhand einer Reihe von Erlebnissen dargelegt werden.

Das Drehbuch ist geschrieben

Eines Abends war ich nach dem Nachtessen, Geschirrspülen und Abtrocknen mit dem Wegräumen von Geschirr und Besteck beschäftigt. Dabei bemerkte ich, dass zwei kleine Küchenmesser vertauscht abgelegt waren. Nichts weiter dabei denkend kreuzte ich meine beiden Arme in der Absicht, die beiden Messer zu greifen, hochzuheben und ausgetauscht wieder zurückzulegen. Exakt in diesem Moment wechselte das Bewusstsein in die Beobachterposition und ich schaute ganz normal mit den Augen des Körpers zu, wie das Ganze ablief, aber wie in einem Film, ohne direkt beteiligt gewesen zu sein. Es ergriff die beiden Messer mit gekreuzten Armen, hob sie hoch, entkreuzte die Arme und bewegte dabei die Hände und Finger in einer Art und Weise, dass die linke Hand mit dem Küchenmesser dem Zeigefinger der rechten Hand eine kleine Schnittwunde zufügte. „Mist" entfuhr es mir, ich legte die Messer weg, kramte ein Heftpflaster hervor und brachte es am rechten Zeigefinger an. Wenn ich diesen Bewegungsablauf zu wiederholen gehabt hätte, hätte ich keine Ahnung gehabt, wie das zu bewerkstelligen gewesen wäre, denn ich war ja nicht beteiligt. Bemerkenswert erscheint die Beobachtung, dass ich während dieses Vorgangs nicht „mir" zugeschaut hatte, sondern dem unpersönlichen „es". Es hatte eine vorübergehende De-Identifikation vom Körper stattgefunden.

Gary Renard berichtet in seinem zweiten Buch, wie er durch seine beiden aufgestiegenen Meister mental in die Zukunft befördert wurde. Zeit sei holographisch und nicht linear. An jenem anderen Punkt in der Raumzeit erlebte er einen kurzen Ausschnitt aus seiner Zukunft. Er befand sich in Cahokía, einer historischen Stätte in der Nähe von St. Louis. Er stieg eine Treppe auf den Erdhügel hoch und schaute sich um. In etwa 30 Meter Entfernung befanden sich die beiden aufgestiegenen Meister. Ganz oben hatte er eine kurze Vision, in der er sah, wie die Gegend vor etwa tausend Jahren ausgesehen hatte. Als er in seinem linearen Zeiterleben sechs Monate später wieder in Cahokía war, verlief alles exakt gleich wie beim ersten Besuch, mit dem einzigen Unterschied, dass die beiden aufgestiegenen Meister nicht anwesend waren.[3] In einem Interview

---

[3] Renard, Unsterblich, 192 f., 291 f.

erläuterte er, dass jede Muskelbewegung und jedes gesprochene Wort vorbestimmt waren. Es war ihm nicht möglich, etwas anders zu tun und eine andere Bewegung auszuführen. Ein paar Dinge versuchte er anders zu machen, sagte sich, ich gehe hier entlang, weil ich vorher dorthin ging, konnte es aber nicht tun. Unmöglich. Der Körper folgte dem genau gleichen Muster wie zuvor. Es war, als ob er Zuschauer war von dem, was sich abspielte, mit der gleichen Vision auf dem Hügel wie beim ersten Besuch.[4]

Auf weit weniger spektakuläre Weise können wir solche Dinge in unserem Alltagsleben erfahren. Ich erinnere mich, wie ich einmal mit dem Auto auf eine Kreuzung zufuhr, um links abzubiegen. Ich war aber so stark in meine Gedanken vertieft, dass ich nach dem Passieren der Kreuzung nicht hätte sagen können, ob ich an der Kreuzung anhalten musste oder ob die Ampel auf grün stand und ich direkt durchfahren konnte. Diese Erlebnisse sind Indizien, dass unser individueller Wille in Wirklichkeit keine agierende Wirkung auf der Ebene des Körpers besitzt, auch wenn wir das im „Normalfall" nicht so erfahren. Sie stehen in Einklang mit Penfields Befunden, die besagen, dass wir unbewusst die Handlungen unseres Körpers mit unserem freien Willen assoziieren. So gesehen ist die Idee der Handlungsfreiheit auf Körperebene reine Fantasie. Dies alles führt zur Frage, inwieweit der Lauf der Dinge im Großen und Ganzen vorbestimmt ist, oder ob wir durch willentliche Entscheidungen die Richtung unseres Lebens bestimmen können.

Der Spielraum der Handlungsfreiheit

Meinen letzten Windsurfing-Urlaub verbrachte ich vor einigen Jahren Anfang Dezember in El Médano auf der Kanareninsel

---

[4] Gary Renard Podcast Episode #4, 2006, www.forgiveness.tv

Teneriffa. Der Ort ist durch seinen langgezogenen Sandstrand bekannt und bietet fast das ganze Jahr passable Windverhältnisse. Obwohl das Wetter bis auf die beiden letzten Tage sehr wechselhaft war, gefiel es mir seht gut. Auf einer Inselrundfahrt lernte ich die andere Seite, jenseits des mächtigen Vulkans Teide, kennen. Am zweitletzten Tag kam bei sonnigem Wetter starker Wind auf und ich packte die Chance, mietete Windsurfing-Equipment, streifte meinen Neoprenanzug über, zog das Trapez an und war nach kurzer Zeit mit einem 75 Liter Volumen fassenden Board auf dem Wasser. Wie immer beim Windsurfen erlebte ich das Gefühl der Verbindung mit der Natur, den Wind in den Händen zu halten und durch dessen Beherrschung in schneller Fahrt und Leichtigkeit über das Wasser zu gleiten. Der ablandige Wind peitschte in Böen über das Meer und hinterließ auf der Wasseroberfläche ein dunkelblau gekräuseltes Muster.

Dank jahrelanger Erfahrung las ich die vorauslaufenden Muster und passte fast wie automatisch die Segelstellung der erwarteten Windstärke an. In südlicher Fahrtrichtung ging es zwar nicht so gut, weil das glitzernde Wasser blendete. Im Winter kommt die Sonne auch mittags flach herein und spiegelt sich stark auf der Wasseroberfläche. Trotzdem ging alles sehr leicht. Der besondere Kick und das besondere Hochgefühl kamen aber nicht auf, vielleicht weil die Bedingungen nicht extrem genug waren und mich nicht bis an die Grenze forderten, oder mir der vorübergehende Kick nicht mehr viel bedeutete und sich das Windsurfen für mich erledigt hatte. Weil es mir aus verschiedenen Gründen auf Teneriffa, der Insel des ewigen Frühlings, so gut gefiel, kam mir später der Gedanke, dass ich hierhin ziehen könnte, was damals durchaus im Bereich meiner finanziellen Möglichkeiten gelegen hätte. Der Gedanke, nach Teneriffa zu ziehen, war aber begleitet vom schalen Geschmack des Todes. Mein Leben hätte an diesem

Punkt in zwei verschiedene Richtungen laufen können, eine in den Tod und eine weg davon. Allen angenehmen äußeren Umständen eines Lebens auf Teneriffa zum Trotz legte mir meine Intuition dringend nahe, diesen Weg nicht zu beschreiten.

In unserem Modell stellt Anámnesis die Quelle der Intuition, des Bauchgefühls oder der Vorahnung dar. Sie scheint uns in die Richtung lenken zu wollen, die unserem Gedeihen dienlich ist. Im Trailer zu seinem Film *PGS – Intuition is your Personal Guidance System* berichtet Bill Bennett, wie ihm seine Intuition das Leben gerettet hat. Eines frühen Morgens war er in New Orleans mit dem Auto unterwegs zum Flughafen. Er war spät dran. Als er sich in voller Fahrt einer Kreuzung näherte – die Ampeln wechselten gerade auf grün – sagte ihm eine innere Stimme: „Tempo drosseln". Die Stimme war sonderbar. Es gab keinen Grund das Tempo zu drosseln. Aber die Stimme war eindringlich. Also drosselte er das Tempo. Als er auf die Kreuzung zufuhr, tauchte plötzlich, wie aus heiterem Himmel, ein massiver Sattelschlepper auf. Der Fahrer des Sattelschleppers hatte das Rotlicht missachtet und fuhr quer über die Kreuzung. Durch eine Vollbremsung gelang es Bennett, dem Sattelschlepper um Haaresbreite auszuweichen. Hätte er nicht auf diese Stimme gehört und das Tempo gedrosselt, wäre er getötet worden. Danach begann er sich zu fragen, was das für eine Stimme war, die ihm das Leben gerettet hatte. Er stellte Nachforschungen an, fand viele Leute mit ähnlichen Erfahrungen und machte einen Film über seine mehrjährige Suche und alles, was er über Intuition gelernt hatte.

Anderthalb Jahre nach dem Teneriffa-Erlebnis verbrachte ich in der zweiten Maihälfte den Urlaub auf Mallorca. Die Hinreise gestaltete sich sehr umständlich, denn anders als gebucht fand der Abflug nicht um die Mittagszeit statt, sondern morgens ums sechs Uhr. Ich konnte nicht mit der Bahn zum Flughafen reisen, sondern musste jemanden bitten, mich in aller Herrgottsfrühe zum Flughafen zu fahren. Unter diesen Umständen kam mir der Gedanke, was für eine nutzlose Reise das nur sei. Die ersten paar Tage auf Mallorca war das Wetter meistens bewölkt und kühl, zeitweise sogar recht stürmisch, und erst gegen Abend beruhigte es sich, und die Sonne setzte sich durch. Am ersten Samstagabend besuchte ich ein lokales Frühlingsfest der einheimischen Bevölkerung. Auf einem steinigen und sandigen Fußballplatz war ein großes Feld mit gelben Absperrungen eingerahmt, wie das von Straßenbaustellen bekannt ist. Darum herum verfolgten viele Leute die Darbietungen auf dem Platz. Elegant gekleidete Reiter und eine Reiterin führten auf ihren Pferden Dressurreiten vor und vollbrachten mit ihren Pferden allerlei Kunststücke, alles unter der für Spanien so klischeehaft typischen, aus Lautsprechern sehr laut erklingenden Gitarrenmusik. Auf dem Platz nebenan waren eine Bühne, Festbänke, Grill und Getränkestände aufgestellt. Ich mischte mich unter die Leute und ließ die Stimmung auf mich einwirken. Die lokale Bevölkerung war durch alle Altersklassen vertreten. Ich schien der einzige Tourist zu sein. Die ganze Stimmung und das mit der gitarrenlastigen Flamencomusik auftretende Gefühl kamen mir irgendwie vertraut vor, als ob in mir unbewusste Erinnerungen an ein vergangenes, glückliches Leben vorhanden wären. Doch irgendwie waren mir die anwesenden Leute auch wieder fremd. Mir wurde bewusst, dass die hervorgerufene Stimmung ein Sehnsuchtsort symbolisiert und die Erinnerung ein Anhaften an eine Vergangenheit war, die in dieser Art nie wirklich stattgefunden hatte. Und so stellte ich mir die Frage, ob ich hierher zu diesen Leuten gehörte. Nein! Intuitiv war mir die Antwort unmissverständlich klar. Mir war klar, dass jede Reise nach Griechenland oder Spanien eine Reise an einen vergangenen Sehnsuchtsort war. Mit dieser Einsicht konnte ich loslassen und brauchte nicht mehr zurückzukehren, denn dieses Leben soll meine letzte nutzlose Reise nach nirgendwohin gewesen sein.

Der Gedanke an die letzte nutzlose Reise schien im Geist Wurzeln geschlagen zu haben, denn wenn ich mich jeweils mit geschlossenen Augen hinsetzte, um in Ruhe einzukehren, drehte sich das halbdunkel flimmernde Bild, das ich bei geschlossenen Augen wahrnehme. Ich erinnerte mich, über das Phänomen des Drehschwindels in Gary Renards Büchern gelesen zu haben. Was passiert, ist, dass das auf dem Kopf stehende Denksystem des Ego sich im Geist in die richtige Perspektive dreht. Bei mir machte sich das Drehen nur bei geschlossenen Augen bemerkbar. Ich konnte es nicht ein- oder ausschalten. Es geschah einfach während ein paar Tagen, immer wenn ich die Augen schloss. Ich lernte damit zu spielen, indem ich mir dachte, jetzt in die andere Richtung, und dann drehte das Flimmerbild anders herum, und auch wieder zurück, wenn ich mich dafür entschied.

Eines Morgens erwachte ich im Hotelbett aus einem kurzen Traum. Ich wurde vom Verwaltungsratspräsidenten, dem Aufsichtsratsvorsitzenden und Hauptaktionär der Firma, in der ich zuletzt gearbeitet hatte, als CEO berufen. Etwas aufgewühlt begann ich darüber nachzudenken. Mit dieser Anstellung mit Millionensalär wäre ich finanziell ausgesorgt gewesen. Hatte ich demnächst mit einem Telefonanruf zu rechnen? Eher nicht. Meistens handelt es sich bei allen Figuren in unseren Träumen um Aspekte von uns selbst. Wenn Träume verwirrend sind, uns Rätsel aufgeben, Tagesgeschehen symbolhaft widerspiegeln, uns in peinliche Situationen führen oder uns das Fürchten lehren, dann hat das Ego Regie geführt. Vor allem, wenn wir uns ernsthaft auf den Weg vom Mythos zu Logos gemacht haben, spürt das Ego die Gefahr, wechselt von Argwohn zu Bösartigkeit und wird uns mit Verfolgungs- und Albträumen bestrafen. Solche Träume zu analysieren bedeutet Ego-Aktivität und führt nirgendwohin. Sie können bedenkenlos als sinnloses Verwirrspiel und gegenstandslose Drohkulisse abgetan werden.

Träume können aber auch Botschaften von Anámnesis enthalten, nämlich dann, wenn wir die Bedeutung intuitiv erfassen. In meinem Traum hat Anámnesis den Präsidenten als Symbol für Logos verwendet und uns die Beziehung, in der wir zu ihm stehen, offenbart. Logos ist die erste Ursache und hat die Bestimmung und die ewigen Gesetze in seinem Reich festgelegt. Als seine eine Schöpfung sind wir berufen, nach seinen Gesetzen, die nur zu unserem Schutz dienen, einem CEO oder Geschäftsführer gleich, zu wirken. Logos ist also wie der Präsident, der die Bestimmung einer Firma festlegt, der passive Teil, und wir sind wie der CEO der aktive Teil in seinem Reich. Durch meinen Beschluss, das Anhaften an der Vergangenheit loszulassen, die Suche in der Welt aufzugeben und diesem Leben die Bedeutung der letzten nutzlosen Reise zu verleihen, hat mir Anámnesis zu Bewusstsein gebracht, was unsere wirkliche Berufung ist.

Unser Leben in der Matrix

Richten wir unseren Blick wieder auf das große Ganze, dann ergibt sich das folgende Bild. In unserem vorübergehenden Leben als menschliches Wesen scheinen wir uns wie in einer vierdimensionalen Raumzeit-Matrix zu befinden. Alles, was auf materieller Ebene abläuft – der Körper ist Teil davon –, ist festgelegt. Unser individuelles Bewusstsein nimmt eine rein beobachtende Funktion wahr, obwohl wir das nicht so erleben. Wir erleben es als wirklich, weil sich unser individuelles Bewusstsein mit einem Gehirn verbunden und gleichgesetzt hat. Deshalb erleben wir die Handlungen des Körpers als unseren eigenen Willen, was Penfields Forschung als Farce entlarvt hat. Wir können das vergleichen mit einem Kinobesuch. In einem Film fixieren wir unsere Aufmerksamkeit mittels Augen und Ohren auf eine bestimmte Figur auf der Leinwand und gehen mit ihr durch alle Höhen und Tiefen, als ob wir uns mit ihr identifiziert hätten. Das Drehbuch des Filmes ist aber schon vor unserem Besuch festgelegt.

In der vierdimensionalen Raumzeit-Matrix läuft der Film des Universums. Es ist ein geschlossenes System, ähnlich einem Kinofilm. Mit unserem individuellen Bewusstsein fixieren wir uns auf ein bestimmtes Gehirn und erleben den zugehörigen Körper als unser Ich. In diesem Lebensfilm stoßen wir gelegentlich auf Entscheidungspunkte, bei denen wir wählen können, in welche Richtung der Lebensfilm weiterläuft. Unsere Intuition kann uns helfen, den Lebensfilm in eine gedeihliche Richtung zu lenken. Wir können die Intuition auch ignorieren, und wenn wir die Folgen spüren, bedauern, dass wir ihr nicht gefolgt sind. Die vierdimensionale Raumzeit-Matrix scheint holografisch aufgebaut zu sein, mit verschiedenen Raumzeit-Versionen, zwischen denen wir wechseln, wenn sich unsere Entscheidungen auswirken. Wechsel können auch geschehen, ohne es zu merken, vor allem wenn wir uns in wahrer Vergebung üben, anstatt unseren Ärger auszuleben. Die konsequente Praxis von Dissonanz-auflösenden Gedanken ist eine kluge Haltung, die einen Weg mit weniger leidbringenden Erfahrungen bereithält.

Aus all dem leitet sich ab, dass unsere einzige Freiheit diejenige der Gedanken ist. Der freie Wille ist das grundlegendste Gesetz des reinen Geistes. Wir scheinen uns aus freiem Willen in einen bestimmten Lebenslauf hineinbegeben zu haben. Wenn wir aber drin sind, ist der Verlauf mit allen möglichen Verzweigungen festgelegt. Dies scheint eine unabdingbare Voraussetzung zu sein, um diejenigen Erfahrungen machen zu können, derentwegen wir uns in einen bestimmten Lebenslauf hineinbegeben haben. Es ist die Rede davon, dass wir unseren

Lebenslauf dreimal zu sehen bekommen. Zuerst als Vorbereitung, um uns darauf einzustellen, dann mit der Geburt als „erlebte Wirklichkeit" und nach dem endgültigen Verlassen des menschlichen Körpers im Rückblick, wo wir bedauern mögen, an bestimmten Punkten unkluge Entscheidungen getroffen zu haben. Analog zum Kinobesuch, bei dem wir nicht an der Leinwand kleben, sondern in einem Sessel hocken, befinden wir uns während der Erfahrung der Raumzeit-Matrix und den Zwischenleben in Wirklichkeit nicht in irgendeinem Körper, sondern in einer Art Schlaf im sicheren Zuhause bei Logos.

Vom Widerstand auszusteigen

Unter diesem Blickwinkel erscheint Platons Höhlengleichnis in einem ganz anderen Licht. Seine Zeit war noch weit weg von der allgemeinen Relativitätstheorie, doch können wir im Höhlengleichnis eine Analogie zum Modell der geschlossenen Raumzeit-Matrix finden. In einem Dialog mit Platons Bruder Glaukon vergleicht Sokrates Unwissende mit Menschen, die in einer unterirdischen höhlenartigen Wohnung leben und von Kindheit an gefesselt an Hals und Schenkeln sind, so dass sie immer auf demselben Fleck bleiben und wegen der Fessel den Kopf nicht herumdrehen können. Alles, was sie erblicken, sind Schatten eines Geschehens hinter ihnen, die ein entferntes Licht auf die Höhlenwand vor ihnen wirft. Da sie zeitlebens keine andere Erfahrung gemacht haben, halten sie die Schatten für die Wirklichkeit. Wenn nun einer entfesselt und ans Licht außerhalb der Höhle geführt würde, widerstrebte ihm erst einmal die gewohnte Wirklichkeit zu verlassen. Er bräuchte Zeit für die Gewöhnung ans Licht und um zu lernen, dass die Schatten an der Höhlenwand nicht der Wirklichkeit entsprechen. Wenn er die Welt außerhalb der Höhle verstanden hätte, dann wieder zu den anderen in die Höhle hinabsteigen und ihnen erklären würde, woher die Schatten kämen, würden sie ihn für einen Schwindler halten und sich darin bestärkt fühlen, dass es sich nicht lohne, sich entfesseln zu lassen und die gewohnte Umgebung zu verlassen.[5] Damals wie heute scheint der Widerstand gegen die Wahrheit immens zu sein. Die Bindung an das Verhängnis als Folge der vier Drehungen der Abwärtsspirale sollte nicht unterschätzt werden. Doch wer beginnt, Fragen zu stellen und sich auf die Suche nach Antworten zu machen, ist bereit, sich entfesseln zu lassen.

Wenn wir uns aus freiem Willen in einen bestimmten Lebenslauf hineinbegeben, dann stellt sich fast unweigerlich die philosophische Frage, warum nur um Gottes Willen wählen einzelne Individuen ein Leben mit viel Leiden wie Krankheit, Hunger, Armut, Krieg, Folter, Missbrauch usw.? Wir haben die zwei Faktoren identifiziert, die uns antreiben, uns mit einem Gehirn zu verbinden und uns mit dessen Körper gleichzusetzen: Neugier und Schuld. Medeas Verhängnis beginnt, als sie beim Anblick des Fremdlings Jason von Eros Pfeil mitten ins Herz getroffen wird. In Leidenschaft entbrannt ringt sie mit sich, ob sie der Versuchung nachgeben und sich dadurch scheinbar gegen ihre Familie richten soll. Dies ist eine starke Metapher für die metaphysische Geburt der Neugier, in unbekannte Gefilde einzutauchen, um neuartige Erfahrungen zu machen, sowie dem damit verbundenen Aufflammen der kognitiven Dissonanz.

Der Entscheid, der Neugier nachzugeben, hat einerseits zum traumatischen Verlust der Geborgenheit des Zuhauses bei Logos geführt, als auch zu immensem Schuldgefühl. Die Flucht aus dem Geist in einen Körper scheint uns von der Schuld abzuschirmen, solange wir „geistlos" in kognitiver Dissonanz verharren. Da wir für das Ausleben der Neugier ei-

---

[5] Platon, Der Staat 514a f.

nen hohen Preis bezahlt haben, wollen wir dementsprechend einen Gegenwert und stürzen uns wie Süchtige immer und immer wieder in die Erfahrung einer Traumfigur in der vierdimensionalen Raumzeit-Matrix. Je nachdem wie stark wir in den Zwischenleben mit der metaphysischen Schuld – andere nennen es Karma – konfrontiert werden, scheinen wir einen glücklicheren oder schmerzhafteren Lebenslauf zu wählen, denn gemäß dem dreckigen Spiel des Ego haben wir von Logos Bestrafung zu fürchten, die wir angeblich durch Selbstgeißelung mindern können. In dieser Art und Weise kontrolliert uns das Ego wie eine Marionette. Solch wiederkehrende Schrecken halten uns wie in einem Hamsterrad gefangen und machen uns vergessen, dass nichts davon wahr ist und wir uns bloß in einem traumartigen Labyrinth verirrt haben.

Wahre Vergebung

Falls wir aus dem Albtraum erwachen und uns des Schlafes entledigen möchten, müssen wir den entscheidenden Unterschied zwischen Dissonanz-reduzierenden und Dissonanz-auflösenden Gedankengängen verstehen. Dissonanz-reduzierende Gedanken sind Verdrängung oder Verleugnung und erhalten den Konflikt aufrecht, während Dissonanz-auflösende Gedanken die Konfrontation mit dem inneren Konflikt in Formen wie Ärger, Wut, Hass, Schamgefühl, Angst usw. darstellen und *drei* wichtige Schritte enthalten:

Zurücktreten im Erleben des Konflikts, ohne ihn auszuleben
Anschauen des Konflikts und ihn ins Leere laufen lassen
Loslassen und sich bewusst Anámnesis/Logos zuwenden

Die Formel „Zurücktreten, Anschauen, Loslassen" können wir uns mit der Abkürzung ZA(H)L merken. Dieser dreistufige

Ablauf nennt sich wahre Vergebung, ist eine effektive Form der Selbsttherapie und ähnelt der psychotherapeutischen Behandlung von Phobien und Traumata. Damit betreiben wir Karma-Engineering und lassen unseren Geist durch Anámnesis läutern. Kognitive Dissonanz mag sich in subtileren Formen zeigen, auf die wir unbewusst wie automatisch mit Dissonanz-Reduktion reagieren. Eine Form, die mir immer wieder passiert, ist das Rechtfertigen. Eine andere betrifft das Selbstwertmanagement. Das heißt, wenn unser Selbstwert angekratzt wird, reagieren wir wie ein gekränktes Ego und verhalten uns anderen gegenüber mit Abwertung. In der Gruppendynamik kann das zu Mobbing führen. Eine weitere Form ist die Beschäftigung mit Verschwörungstheorien, denn damit versuchen wir, die „wahren" Schuldigen auszumachen. Wir verleihen der Fantasie eine Wirklichkeit, die sie nicht hat, anstatt die Schuld an sich loszulassen.

Doch wenn wir uns erinnern, dass wir eine andere Entscheidung treffen können, wenn uns Egogedanken in den Sinn kommen, um unsere Worte oder Taten zu lenken, so treten wir still einen Schritt zurück und schauen sie an, und dann lassen wir sie los.[6] Dies setzt wiederkehrende Übung voraus und sollte zu einer Gewohnheit werden, die eine Wachsamkeit erfordert, die uns auch im Trubel des Alltags wie in einer Art Mediation begleitet. Selbstverständlich dürfen wir uns weiterhin rechtfertigen oder entschuldigen, so oft wir wollen. Wenn wir dabei aber auch nur einen Hauch von Schuld verspüren, weil wir uns erinnern, dass wir falsch reagiert haben und eigentlich hätten vergeben sollen, dann treten wir innerlich zurück, schauen die Schuld an und lassen sie los. Wenn wir merken, dass wir immer wieder Fehler machen, die dadurch hervorgerufene Selbstverurteilung und das begleitende Schuldgefühl

---

[6] Ein Kurs in Wundern, Übungsbuch, Lektion 254

aber loslassen, dann haben wir wahre Vergebung verstanden. Sie verwandelt den Albtraum in einen friedlichen Traum, indem der Konflikt durch die Wahrheit ersetzt wird. Wenn es zwischenzeitlich nichts zu vergeben gibt und wir in Frieden sind, mögen wir uns grundlos glücklich fühlen und tief in uns eine Liebe spüren, die sich nicht begrenzen lässt und sich unaufhaltsam ausdehnt. In diesen Momenten sind wir frei zu tun, wozu wir gerade Lust haben, sei es nun stilles Sitzen, unseren üblichen Beschäftigungen nachgehen, einen Sonnenuntergang genießen oder Party machen.

Außerirdischen ergeht es genauso

Das Denksystem des Ego basiert auf Irrationalität und hat Chaos zur Folge. Doch wir haben nach wie vor die Fähigkeit, Ordnung ins Chaos zu bringen, was darauf hindeutet, dass wir uns nicht vollständig dem Ego ausgeliefert haben und Logos als Essenz unseres Wesens in uns gegenwärtig ist. Im größeren Maßstab wirkt sich das aus, indem wir bestrebt sind, die Welt um uns herum zu verstehen und unsere Unwissenheit über eine längerfristige Entwicklung in eine geordnete Wissensgesellschaft überzuführen. Betrachten wir die Größe des Universums – es ist mittlerweile die Rede von tausend Milliarden Galaxien und eine Galaxie wie unsere Milchstraße enthält über hundert Milliarden Sterne –, dann ist davon auszugehen, dass unsere Sonne nicht der einzige Stern mit einem belebten Planeten ist. Mit fast an Gewissheit grenzender Wahrscheinlichkeit müssen auch andere Planeten von intelligenten, humanoiden oder nicht-humanoiden Spezies bewohnt sein. Einige dieser intelligenten Zivilisationen könnten uns in der Entwicklung voraus sein und die Mittel haben, den gesamten Kosmos zu durchqueren. Diese Außerirdischen besitzen die gleiche geistige Ausstattung wie wir Erdenbewohner, weil sie aus derselben

Ursache hervorgegangen sind. Sie sitzen im gleichen Boot wie wir und sind der gleichen kognitiven Dissonanz unterworfen. Um uns voraus zu sein, müssten sie die kognitive Dissonanz über längere Zeit so weit im Griff gehabt haben, dass es auf dem Weg der wissenschaftlich-technisch-gesellschaftlichen Entwicklung nicht zur Selbstzerstörung kommen konnte. Wenn sie das durch Dissonanz-reduzierende Strategien geschafft haben, dann könnten es Außerirdische von eher unangenehmer Natur sein, denen man lieber nicht begegnete.

Wenn sie jedoch durch Dissonanz-auflösende Strategien Fortschritte erzielt haben, dann ging ihre Entwicklung einher mit verringerter kognitiver Dissonanz und gleichzeitig erweitertem Bewusstsein. Die fortschrittlichste Spezies müsste ihre kollektive unbewusste Schuld soweit aufgelöst haben, dass sie weitgehend konfliktfrei und primär am Ausdehnen von Frieden und wacher Bewusstheit interessiert wäre. Gleichzeitig könnte diese Spezies mit der Situation konfrontiert sein, dass ihre Population am Abnehmen ist, weil sich die beiden Gründe Neugier und Schuld für das Verbinden mit dem Körper am Auflösen sind. Im Gegenzug würden sie das Elysion bevölkern.

Es scheint offensichtlich zu sein, dass Außerirdische bereits jetzt hier sind, die Kontakte sich aber auf den privaten oder geheimen Rahmen beschränkt haben. Die Sichtung von UFOs scheint immer nach demselben Muster abzulaufen. Nach der Veröffentlichung glaubwürdiger Berichte werden sie von staatlichen Stellen umgedeutet und als Wahrnehmungstäuschung oder neurologische Störung dargestellt, oder sonst wie relativiert.[7] Interessant könnte es dereinst werden, wenn die fortschrittlichste außerirdische Spezies eines Tages öffentlich mit der Menschheit in Kontakt treten würde und mit ihr Klar-

---

[7] 'Wow, What Is That?' Navy Pilots Report Unexplained Flying Objects, The New York Times, May 26, 2019

text gesprochen werden könnte.

Unsere Zukunft wird durch unser kollektives Bewusstsein bestimmt. Je mehr Menschen sich aktiv darum kümmern, Dissonanz-auflösende Strategien anzuwenden, desto weniger Konflikt wird im Unbewussten vor sich hin schwelen und umso besser und friedlicher wird unsere Zukunft aussehen. Gleichzeitig wird sich unser Bewusstsein erweitern und die Bereitschaft, Gewalt anzuwenden, weiter verringern. Dies alles findet in einem geschlossenen System statt, dessen Ausgang so gewiss ist wie Logos. Unsere einzige Freiheit scheint darin zu liegen, wie lange wir darin verweilen möchten. Außerhalb davon ist die Ewigkeit, in der Zeit keine Bedeutung hat, also hat sie in Wirklichkeit nie stattgefunden.

Innerhalb der Raumzeit-Matrix sind Zeitreisen denkbar. Wenn wir in ein Raumschiff steigen könnten, um damit in die Vergangenheit zu reisen und an einer Stelle, wo scheinbar etwas schief gelaufen ist, eine bessere Wahl zu treffen, dann würde uns eine andere Zukunft erwarten. Damit würden wir aber lediglich in eine andere Verzweigung der holografisch aufgebauten, vierdimensionalen Raumzeit-Matrix wechseln. Dies käme einem Nullsummenspiel gleich, denn der Verlauf unserer Zukunft wird durch den Konflikt im Unbewussten bestimmt, und dagegen können wir immer nur im Hier und Jetzt etwas tun.

Die Lösung des Dilemmas

Mit all diesem Wissen können wir eines der ältesten und kniffligsten Probleme lösen. Schon seit Jahrtausenden zerbrechen sich Philosophen den Kopf, wenn sie sich mit dem Dilemma beschäftigen. Dabei handelt es sich um eine Situation, in der wir vor zwei unerwünschten Alternativen stehen und uns für eine davon entscheiden müssen, obwohl wir keine von beiden haben wollen, aber nicht verhindern können, dass eine davon eintreffen wird. Die Philosophen haben bewiesen, dass dem Problem mit Denken nicht beizukommen ist, weil wir zu wenig Information für eine solide Entscheidung haben und die längerfristigen Auswirkungen der Entscheidung nicht abschätzen können, weil wir die Zukunft nicht kennen. Würden wir in so eine Situation geraten, würden wir einen Adrenalinschub erfahren, Aufregung und Nervosität verspüren und in der allgemeinen Verwirrung nicht wissen, was zu tun ist. Das Gegengift wäre demzufolge, wahre Vergebung zu üben um ruhig zu werden und auf die innere Stimme, unsere Intuition, zu hören. Sollten wir aus der inneren Ruhe heraus wissen, was zu tun ist, dann handeln wir in der Sicherheit der Intuition. Wenn das aber nicht geschieht, dann lassen wir die Ereignisse ihren Lauf nehmen, wie wenn wir nicht eingreifen würden.

Harari spricht in seinem neuesten Buch im Teil über die technologische Herausforderung genau dieses Problem an, die Entscheidung muss aber von einer Maschine getroffen werden.[8] Stellen wir uns einmal vor, zwei Kinder, die einem Ball nachjagen, springen direkt vor ein selbstfahrendes Auto. Der ausgeklügelte Algorithmus, der das Auto steuert, berechnet in Sekundenbruchteilen, dass eine Kollision mit den Kindern nur vermieden werden kann, wenn das Auto auf die Gegenfahrbahn ausweicht. Wenn auf der Gegenfahrbahn ein LKW entgegenkommt und eine Kollision mit hoher Wahrscheinlichkeit die Passagiere des Autos töten würde, wäre das nach meiner Ansicht keine Option, denn das Auto sollte den Prinzipien folgen, dass es die Passagiere schützen und die Gesetzte befolgen muss. Das Beste, was das Auto in diesem Fall zusätzlich zur Notbremsung tun könnte, wäre dafür zu sorgen, dass es eine Spur wählt, bei der es die zwei Kinder nach der Kollision nicht

---

[8] Harari, Lektionen, 91 f.

mit den Rädern überrollt. Kommt auf der Gegenfahrbahn aber nur ein Fahrradfahrer entgegen, dann wäre das Ausweichen auf die Gegenfahrbahn und eine mögliche Kollision mit dem Fahrradfahrer eine Option. Dies wäre ein echtes Dilemma und Harari bietet in seinem Buch keine praktikable Lösung an.

So wie Philosophen mit Denken kein Dilemma auflösen können, genauso wenig kann das ein Computer mit seinen Algorithmen, egal auf wie eine große Datenbank er Zugriff hat und wie viel künstliche Intelligenz er besitzt. Und Intuition lässt sich nicht algorithmisieren. Oder etwa doch? (Ich brauche hier absichtlich nicht das Wort „programmieren", um das Feld für Lösungsansätze aufzuweiten.) Nach dem Lesen von Hararis Erläuterungen beschäftigte mich das Thema weiter. Bei einem Spaziergang oder so ähnlich, als ich mit etwas anderem beschäftigt war – in der Kreativitätspsychologie würden wir von der Inkubationsphase sprechen –, kam mir die Lösung in den Sinn: Wir lassen das Universum entscheiden.

Im zweiten Kapitel habe ich versucht darzulegen, dass auf Quantenebene alles miteinander verbunden oder verschränkt ist, sogar das Bewusstsein. Für unser Beispiel bedeutet das, dass das Auto, seine Sensoren, Computer, Programme und die Passagiere, die zwei dem Ball nachjagenden Kinder, der Ball, der Fahrradfahrer auf der Gegenfahrbahn, die Straße, einfach alles, das gesamte Universum, auf Quantenebene miteinander verbunden ist. Kommt der Algorithmus im Auto an den Punkt, an dem er entscheiden muss, ob er auf die Gegenfahrbahn ausweichen soll und eine Kollision mit dem Fahrradfahrer einkalkuliert, dann konsultiert er seinen Quantenentscheider. Der Quantenentscheider schießt ein Photon auf einen halbdurchlässigen Spiegel. Wird das Photon von Detektor auf der anderen Seite des Spiegels registriert, dann bedeutet das für den Algorithmus, Ja, auf die Gegenfahrbahn ausweichen. Kann das Photon den Spiegel nicht passieren, dann bedeutet das für den

Algorithmus, Nein, nicht auf die Gegenfahrbahn ausweichen.

Das Prinzip des Quantenentscheiders wird bereits eingesetzt in Form des quantenmechanischen Zufallszahlengenerators. Für die Implementierung in Siliziumchips für die Massenproduktion – denkbar wäre der Einbau in jedem Smartphone – mögen andere Quanteneffekte besser geeignet sein; die Variante mit dem halbdurchlässigen Spiegel dient hier lediglich als anschauliches Beispiel. Dieser Lösungsvorschlag für das Dilemma mag ziemlich provokativ erscheinen. Er ist aber kompromisslos konsequent und erfüllt die Forderung aus dem Abschlussbericht der deutschen Ethikkommission vom Juni 2017, der festhält, dass bei unausweichlichen Unfallsituationen jede Qualifizierung nach persönlichen Merkmalen (Alter, Geschlecht, körperliche oder geistige Konstitution) strikt untersagt ist. Denn niemand kann wissen, wie lange die betroffenen Personen noch leben würden. Vielleicht würden die Kinder oder der Fahrradfahrer sowieso innerhalb weniger Monate aus irgendwelchen Gründen sterben.

Letztendlich müsste der Gesetzgeber festlegen, ob das Ausscheren aus der Fahrbahn zulässig wäre, um eine sich gesetzeskonform verhaltende unbeteiligte Person in der Absicht zu schädigen, größeren Schaden von anderen abzuwenden. Hingegen würde ein selbstfahrendes Auto mit einem ausgereiften Algorithmus wahrscheinlich nie in die geschilderte Situation geraten. Es würde schon frühzeitig eruiert haben, dass es sich in einer unübersichtlichen Quartierstraße befindet und mit gedrosseltem Tempo fahren. Seine Sensoren würden den Ball bereits detektieren, bevor er die Fahrbahn erreicht hat und entscheiden, sofort anzuhalten, um eine allfällige Kollision zu vermeiden.

Die Schöpfungsgeschichte des 21. Jahrhunderts

Knapp zwei Wochen nach dem Erlebnis mit Beethovens fünfter Sinfonie beim Lucerne Festival besuchte ich eine Veranstaltung aus der Reihe *40min* mit dem Titel: „Carolin Widmann und Dieter Amman – die Geigerin und ihr Komponist". Ein neues Violinkonzert wurde vorgestellt, das für den folgenden Tag mit dem Lucerne Festival Academy Orchestra programmiert war. Die Geschichte hinter dem neuen Werk *Unbalanced Instability* wurde erzählt, und es folgte eine Einführung ins Werk. Der Komponist erläuterte einzelne Passagen und zeigte auf, wie sich ein Thema entwickelt und durch das Orchester bewegt. Danach wurden die entsprechenden Passagen vom Orchester und der Solistin gespielt, dirigiert von Pablo Heras-Casado. Ein Laie wie ich bekam damit eine Ahnung, wie das Werk strukturiert ist. Am folgenden Morgen schaltete ich zuhause in der Frühe das Radio an. Es erklang ein betörend schönes Violinkonzert. Es war von Antonín Dvořák und erinnerte mich daran, dass heute das neue Violinkonzert gespielt wird. Da ich mich noch nicht entschieden hatte, ob ich ins Konzert gehen sollte, hörte ich durch dieses Violinkonzert den sanften Hinweis, hinzugehen. Der Intuition folgend saß ich kurz vor elf Uhr morgens im großen Konzertsaal im Parkettbereich.

Gemäß Programmblatt erfolgten im ersten Teil die Uraufführungen von zwei im Rahmen von Lucerne Festival entstandenen Werken für großes Orchester, geleitet von jeweils einem anderen Dirigenten. Die jungen Musikerinnen und Musiker des Lucerne Festival Academy Orchestras nahmen in überaus großer Orchesteraufstellung auf der Bühne Platz. Alles, was es in Sachen Schlaginstrumentarium zu geben schien, war in der hintersten Reihe aufgebaut. Eröffnet wurde das Konzert mit *Isolarion, Rituals of Resonance* von Christian Mason unter der

Leitung von Gergely Madaras. Die Musik begann und machte vorerst einmal einen riesig großen Lärm. Nach einer Weile fragte ich mich, ob das überhaupt Musik sei. Was war das? Und in diesem Fragen geschah es wieder, wie vor kurzem bei Beethovens Fünfter, dass sich meine Gedanken mit der Musik verbanden und ich die Bedeutung aus der Musik heraushörte. Der riesige Lärm entsprach dem Urknall. Es war gewaltig, wie das dröhnte und donnerte. Zwischenzeitlich nahm der Lärm etwas ab und ich hörte die Ursache, das unbeschreibliche Drama, das unermessliche Trauma der scheinbaren Trennung von Logos, der gewaltige Verlust des Stroms ewiger Glückseligkeit. Der Versuch, dem Trauma zu entfliehen, hatte die gigantische Energie des Urknalls freigesetzt. Der Lärm bezweckte, das Trauma durch die Entstehung des Universums zuzudecken, wohinein eine Flucht aus dem Trauma ermöglicht werden sollte. Irgendwann wurde es ruhiger. Es schien zu wirken. Das Trauma war weg. Der zweite Satz begann. Ich verstand, wie aus der undifferenzierten Energie des Urknalls im expandierenden jungen Universum sich die groben Strukturen manifestierten. Galaxien und Sterne entstanden. Zeitweilig war es wie ein Tanz der Galaxien, bei dem Sterne aufschienen und wieder vergingen und sich daraus das Material für die Planeten bildete. Im dritten Satz verstand ich, wie sich die feinen Strukturen manifestierten. Das biologische Leben auf den Planeten entstand, einem Spiel gleich, symbolisiert durch die Musik. Die Pflanzen- und Tierwelt breitete sich auf den Planeten aus. Arten kamen und gingen. Das Spiel des Lebens hatte begonnen. Es war wie ein Tanz.

Dieses Werk scheint das kollektive Wissen des 21. Jahrhunderts über unseren Ursprung zu spiegeln. Es stellt eine zeitgemäße Version der Schöpfungsgeschichte dar und ist ein hervorragendes Beispiel dafür, wie Kunst bewusst oder unbewusst Aspekte unserer Existenz abstrahieren kann. Wenig überraschend stellte diese Erfahrung die nachfolgenden Werke im Konzertprogramm in den Schatten. Später versuchte ich zu ergründen, was es mit dem Titel von Masons Werk *Isolarion, Rituals of Resonance* auf sich hat. Ich hatte die Entstehung des Universums und dessen Ursache herausgehört, nichts aber von Resonanz. Zu kaufen gab es diese Musik nicht. Über die Homepage des Komponisten fand ich einen unbearbeiteten Live-Mitschnitt der Uraufführung auf SoundCloud, später auf YouTube. Es ist der Live-Mitschnitt, weil wie damals im Konzert gegen Schluss etwas herunterfällt und mehrmals aufspringt.

Beim wiederholten Hören begann ich plötzlich die Resonanzen zu hören. Mir ging ein Licht auf wie alles zusammenpassen könnte. Mit dem Urknall entstand die Materie und die Raumzeit. Nach dem Urknall war die gesamte Energie und Materie des noch jungen Universums ein extrem heißes, expandierendes Plasma. Im expandierenden Raum müssen sich aus dem gleichförmigen Plasma Stellen mit unterschiedlicher Dichte herausgebildet haben. Dieses Phänomen wird als Quantenfluktuation bezeichnet und ist in der Hintergrundstrahlung des heutigen Universums nachgewiesen. Wo sich Materie und Energie angesammelt hatten, entstanden die Keimzellen für die späteren Galaxien und Sterne. Vielleicht hat das etwas mit Resonanz zu tun und die Keimzellen entsprächen Resonanzstellen. Im sich weiter ausdehnenden und abkühlenden Universum bildeten sich aus dem Plasma vor allem Wasserstoff und etwa ein Viertel der Masse wurde zu Helium. Gravitationskräfte führten dazu, dass sich an den Keimzellen Materie weiter konzentrierte und der Raum dazwischen geleert wurde. Es bildeten sich Sternenhaufen und der intergalaktische Zwischenraum. Die Galaxien und Sterne entstanden. Diese übten ihrerseits Gravitationskräfte untereinander aus und alles begann sich zu bewegen und drehen.

Sterne wie unsere Sonne fusionieren in ihrem Inneren Wasserstoff zu Helium. Nachdem der ganze Wasserstoff im Kernbereich durch das Wasserstoffbrennen zu Helium fusioniert ist, steigt der Druck und die Temperatur in diesem Bereich stark an. Bei einer Temperatur von über hundert Millionen Kelvin kommt der Drei-Alpha-Prozess in Gang. Drei Heliumkerne werden zu einem Kohlenstoffkern fusioniert, was nach gängigem Verständnis der Kernphysik eher unwahrscheinlich erschien. Doch die Energieniveaus auf den beiden erforderlichen Fusionsschritten stimmen fast genau überein und werden in der Quantenphysik als *Resonanzen* bezeichnet. Dadurch wird die Wahrscheinlichkeit der Fusion zu Kohlenstoffkernen stark erhöht. Dass dies möglich ist, bedingt, dass die Naturgesetze sehr exakt aufeinander abgestimmt sind. Als Folge des 3α-Prozesses können in einem weiteren Schritt einige der Kohlenstoffkerne mit Heliumkernen zu Sauerstoffkernen fusionieren. Am Ende besteht der ausgebrannte Kern im wesentlichen aus diesen beiden Komponenten. Der erhöhte Strahlungsdruck des Heliumbrennens führt zu einer Ausdehnung und Abkühlung der äußeren Sternschichten. Ein roter Riese entsteht. Der ausgebrannte Stern explodiert als Supernova und verteilt die entstandenen Bausteine für biologisches Leben im Raum. Bereits die ersten Sterne nach dem Urknall haben durch den 3α-Prozess große Mengen an Kohlenstoff und Sauerstoff erzeugt. Aus der Asche der Sterne bildeten sich die Planeten. Dies alles widerspiegelt das Musikstück im zweiten Satz, die Ausdifferenzierung der groben Strukturen im Universum, der Tanz der Galaxien. Unsere Sonne wird in etwa vier Milliarden Jahren mit dem 3α-Prozess beginnen. Uns verbleibt also noch etwas Zeit, um unsere scheinbaren Probleme zu lösen.

Im dritten Satz erfolgt die Ausdifferenzierung der feinen Strukturen, des Lebens auf den Planeten. Auf den für biologisches Leben geeigneten Planeten finden sich, Resonanzstellen gleich, die Grundbausteine für das biologische Leben zusammen, und der vorbestimmte Prozess der Entwicklung der Arten läuft ab, bis das pflanzliche und tierische Leben aufgebaut ist. Alles läuft nach einem festen und vorbestimmten Plan ab, einem Ritual gleich, genau wie die Noten in der Partitur dieser Musik. Es gibt keinen Zufall und Logos würfelt nicht. Doch wie ich im Konzert gehört habe, hat Logos mit dem Universum von Raum und Zeit nichts zu tun. Die Ursache ist eine andere. Das Wort *Isolarion* aus dem Titel unterscheidet sich nur in einem Buchstaben von Isolation, Abtrennung und weist auf die Ursache des Urknalls hin, auf das Trauma der scheinbaren Trennung von Logos. Das Universum stellt unsere kollektive Dissonanz-reduzierende Strategie auf das Trauma der Isolation dar. Es ist der Versuch, ein Problem in einer Art und Weise zu lösen, die nie funktionieren wird, weil es eine schlecht angepasste Lösung für ein nicht existierendes Problem ist.

Die Heimkehr

Wie wird das Universum enden? Wird es sich ewig ausdehnen, die Ausdehnung irgendwann zum Stillstand kommen oder wieder in sich zusammenfallen? Ist es ein einmaliges Ereignis oder ein sich beliebig oft wiederholendes? Wir, die wir in diesem Universum zu existieren scheinen, werden mit den Sinnen unseres Körpers nie etwas anderes wahrnehmen als die Wirklichkeit der Welt, weil der Körper und seine Sinne aus dem gleichen Stoff gemacht sind, wie die sie umgebende Welt. Doch die vierdimensionale Raumzeit-Matrix ist löchrig wie der Emmentaler-Käse aus der Schweiz. Überall stoßen wir auf Absurditäten und Widersprüche, wenn wir es wirklich sehen wollen. Nur die Wahrheit jenseits davon ist widerspruchsfrei und lässt sich in einem Wort zusammenfassen: Logos.

Wir haben die Ursache aufgedeckt, die zur Singularität des

Urknalls geführt und das Universum hervorgebracht hat, so wie es sich uns heute präsentiert. In Wirklichkeit gibt es kein Universum und keine Körper. Was es wirklich erscheinen lässt und uns daran bindet, ist unsere unbewusste Schuld und die daraus folgende Angst. Sie lassen den Körper fest erscheinen, und wenn der Körper weh tut, spüren wir in Wirklichkeit nicht den Körper, sondern unsere unbewusste Schuld. Die vier Drehungen der Abwärtsspirale haben vier Hindernisse hinterlassen; die unbewusste Schuld ist eines davon. Auf dem Weg der Heimkehr zu Logos muss der Frieden über diese vier Hindernisse fließen. Wir überwinden die vier Hindernisse, indem wir uns die vier Stufen der spirituellen Entwicklung hocharbeiten, um in den Frieden zu gelangen, der nicht von dieser Welt ist.

Wenn die Bindung an das Verhängnis, die unbewusste Schuld, die kognitive Dissonanz und die Angst vor Logos mittels wahrer Vergebung verschwunden sind, ist unser Marionettendasein beendet. Wir werden nicht länger, wie es Penfield nachgewiesen hat, Sklave des Gehirns sein und seine Aktivitäten als unseren Willen interpretieren. Befreit von diesen Scheuklappen wird unser Geist von Anámnesis erfüllt sein und das Licht des Friedens in den kollektiven Geist und die Welt ausstrahlen. Wenn die kognitive Dissonanz mit dem damit verbundenen Schuldgefühl im gesamten Geist vollständig beseitigt ist, wird das Universum einfach aufhören, scheinbar zu sein. Es wird wie ein Albtraum gewesen sein, der durch den Gang ins Elysion in einen friedlichen Traum übersetzt wurde, aus dem Medea in Frieden und Unschuld erwachen und ihr Einssein mit Logos wiedererkennen wird. Sie wird feststellen, dass sie gar nie fort war. Jeder Lebenslauf wird ein Mythos gewesen sein, hervorgebracht durch einen Zaubertrick. Anámnesis, Logos Antwort auf den Gang ins Nichts und genauso ewig wie er, wird dafür besorgt sein, dass sich nutzlose Reisen nicht wiederholen werden.

Wir suchen in der Welt etwas, das wir niemals finden werden, nie! Es gibt keinen Ersatz für Logos. Medea hat außerhalb ihrer Heimat kein dauerhaftes Glück gefunden und war immer eine Fremde. Am Ende des Mythos hat sie sich wieder in Richtung ihrer Heimat bewegt. Das sind wir. Dort stehen wir. Wir alle gehen gemeinsam als sie zurück nach Hause. Als geläuterte Medea werden wir mit Anámnesis in die heilige Dreieinigkeit Logos eingehen.

Literatur

Apollonios von Rhodos: Das Argonautenepos. Herausgegeben, übersetzt und erläutert von Reinhold Glei und Stephanie Natzel-Glei. WGB-Bibliothek, Darmstadt 2013

Aronson, Elliot; Wilson, Timothy; Akert, Robin: Sozialpsychologie. Übersetzt und bearbeitet von Dr. Matthias Reiss, Pearson 2014

Barenboim, Daniel: Klang ist Leben. Die Macht der Musik. Siedler Verlag, München 2008

Bode, Katja: Abenteuer grundlos glücklich. tao.de in J. Kamphausen Mediengruppe GmbH, Bielefeld 2016

Caeyers, Jan: Beethoven. Der einsame Revolutionär. Eine Biographie. Verlag C. H. Beck, München 2012

Ein Kurs in Wundern. Greuthof Verlag, Gutach i. Br. 2001

Euripides: Medea. Übersetzt und herausgegeben von Paul Dräger. Reclam, Stuttgart 2011

Fukuyama, Francis: Das Ende der Geschichte. Wo stehen wir? Kindler, München 1992

Gandhara – Das buddhistische Erbe Pakistans. Verlag Philipp von Zabern, Mainz 2008

Gerstenkorn, Bernhard: Metaphysis. novum Verlag 2017

Harari, Yuval Noah: Eine kurze Geschichte der Menschheit. Deutsche Verlags-Anstalt, München 2013

Harari, Yuval Noah: 21 Lektionen für das 21. Jahrhundert. Verlag C. H. Beck, München 2018

Hawking, Stephen: Eine kurze Geschichte der Zeit. Rowohlt, Reinbek bei Hamburg 1991

Hawking, Stephen; Mlodinow, Leonard: Der große Entwurf. Rowohlt, Reinbek bei Hamburg 2010

Hesiod: Theogonie, Werke und Tage. Herausgegeben und übersetzt von Albert von Schirnding. Artemis & Winkler

Homer: Ilias. Übertragen von Raoul Schrott. Carl Hanser Verlag, München 2008

Homer: Odyssee. Übersetzt und kommentiert von Kurt Steinmann. Manesse Verlag Zürich 2007

Krips, Josef: Ohne Liebe kann man keine Musik machen ... Erinnerungen. Herausgegeben und dokumentiert von Harrietta Krips, Böhlau Verlag, Wien Köln Weimar 1994

Pindar: Oden. Ins Deutsche übertragen und erläutert von Ludwig Wolde. Goldmann Verlag, München 1958

Platon: Der Staat. Übersetzt von Friedrich Schleiermacher. Wissenschaftliche Buchgesellschaft, Darmstadt 1971

Renard, Gary R.: Die Illusion des Universums. Wilhelm Goldmann Verlag, München 2006

Renard, Gary R.: Unsterblich. Wilhelm Goldmann Verlag, München 2007

Renard, Gary R.: Die Liebe vergisst niemanden. Amra Verlag 2014

Renard, Gary R.: The Lifetimes When Jesus and Buddha Knew Each Other. Hay House, Carlsbad 2017

Resag, Jörg: Feynman und die Physik. Springer-Verlag GmbH Deutschland 2018

Rheinberg, Falko: Motivation. Kohlhammer, Stuttgart 2002

Schrott, Raoul: Homers Heimat. Der Kampf um Troja und seine realen Hintergründe. Carl Hanser Verlag, München 2008

Solomon, Maynard: Beethoven. Biographie. C. Bertelsmann Verlag, München 1979

The Holy Spirit's Interpretation of the New Testament. O-Books 2008 von Fritz, Kurt: Antike und moderne Tragödie. Neun Abhandlungen. De Gruyter, Berlin 1962. Abhandlung über: Die Entwicklung der Iason-Medea-Sage und die Medea des Euripides.

Wagner, Richard: Über das Dirigieren. Insel-Verlag Leipzig

Zimmermann, Bernhard: Handbuch der griechischen Literatur der Antike. Erster Band. Literatur der archaischen und klassischen Zeit. Verlag C. H. Beck, München 2011

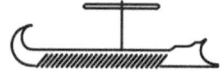

Danke

Ganz herzlich möchte ich Katja und Lis für die konstruktiven Anregungen danken, die zur maßgeblichen Verbesserung des Buches beigetragen haben.

Titelseite

Das Buchlogo symbolisiert die fünfzigrudrige Argo und deutet sich wie folgt: Wenn wir uns entschließen, den Weg vom Mythos zu Logos zu beschreiten, bedarf es Bereitwilligkeit und Anstrengung unsererseits, symbolisiert durch die fünfzig Ruder. Haben wir diese Richtung eingeschlagen, dann erhalten wir starke Unterstützung von Anámnesis, die wie starker Wind konstant in das Segel bläst und uns zu Logos hinzieht.

Facebook

MEDEA. Die verlorene Tochter – vom Mythos zu Logos

METAPHYSIS

Einführung in *Die Interpretation des Neuen Testaments durch den Heiligen Geist*

Die Interpretation des Neuen Testaments durch den Heiligen Geist (INT) ist eine metaphysische Lehre, komplementär zu *Ein Kurs in Wundern*. Das Buch METAPHYSIS von Bernhard Gerstenkorn führt schrittweise an das Thema heran, indem es weit herum bekannte und alte, aber überholte Glaubensvorstellungen unserer westlich-christlichen Kultur beleuchtet, hinterfragt und in ein nicht-duales Konzept überführt, das besagt, dass nur die reine metaphysische Liebe Wirklichkeit besitzt.

Es gibt nur wenige zeitgemäße spirituelle Grundlagenwerke, welche die gesamte Metaphysik hinter unserer Alltagserfahrung aufdecken und einen Weg aus den beiden Traumebenen der Teilung und Trennung, in denen wir uns unbewusst aufzuhalten scheinen, aufzeigen. Um dies alles zu verstehen, wo was wie aufgedeckt wird, kann eine fundierte Einführung hilfreich sein. Fragen wie „Woher komme ich, was ist hier meine Aufgabe und wohin gehe ich?" oder „Was hält die Welt am Laufen?" etc. sollten nach der Lektüre geklärt sein. Aus über 100 Stunden Audioaufnahmen, in welchen Regina Dawn Akers, die INT aufgeschrieben hat, zum ersten Mal INT erklärt und tiefere Einsichten weitergibt, sind rund 60 Ausschnitte übersetzt in den Text eingeflossen.

METAPHYSIS bietet durch seinen Aufbau eine wunderbare Vorlage, um uns von der konkreten Alltagserfahrung an unsere abstrakte Wirklichkeit vollkommener Liebe heranzuführen. Das Konzept beruht auf drei mal drei Kapiteln. Während den ersten drei Kapiteln werden wir durch die Interpretation der ersten drei Evangelien in der konkreten Alltagssituation abgeholt. Danach steigt das Abstraktionsniveau an und der gesamte spirituelle Weg wird systematisch in den vier Stufen erläutert. In den letzten drei Kapiteln wird das nicht-duale Konzept vertieft, durch Übungsvorschläge etabliert und zusammengefasst. Die Kapitel von INT:

1. **Das Ziel erfassen** (INT Matthäus)
Bekannte Gleichnisse erfahren eine Neudeutung, und die Offenbarung von Regina erlaubt uns einen Blick auf die Wahrheit.

2. **Form und Inhalt** (INT Markus)
Spirituelle Missverständnisse stammen aus der Verwechslung von Form und Inhalt. Das metaphysische Modell wird hergeleitet.

3. **Die zwei Stimmen** (INT Lukas)
in unserem Geist sind Ego und Heiliger Geist. Wir sehen die Welt durch den Filter des Ego. Der Sündenfall wird widerlegt.

4. **Das Licht der Welt** (INT Johannes)
Die Metapher des Lichts aus dem gedeuteten Text wird in meditativer Art variiert, um uns an unsere wahre Natur heranzuführen.

5. **Die Antwort ist inwendig** (INT Apostelgeschichte 1-18)
Wir werden aus dem starren Denksystem des Ego herausgeführt, um die unbewusste Schuld zum Zweck der Heilung des Geistes hervortreten zu lassen. Vertrauen in innere Führung wird gestärkt.

6. **Die vier Stufen** (INT Apostelgeschichte 19 - 1. Korinther)
werden verknüpft mit dem metaphysischen Modell erklärt. Die dritte Stufe ist der Fokus der Praxis, die vierte das Ziel. Die Welt als Schauspielbühne dient der Idee, wie eine leere Schale zu werden, und die Maske des Ego mit allem dahinter abzulegen.

7. **Erkenne dich selbst** (INT 2. Korinther bis Kolosser)
Unser Denken bestimmt unsere Erfahrung. Durch anderes Denken können wir Leiden abwählen. Nur durch Ersetzen des Urteils durch Akzeptanz können wir uns selbst erkennen.

8. **Der neue Bund** (INT 1. Thess. … Hebräer … Judas)
Die eigene Persönlichkeit ist das falsche Spiel des Ego, das zugunsten des Lichts des wahren Selbst, das Liebe ist, wegzulegen ist. Dies ist der Weg des Herzens, von der Gleichheit zur Einheit.

9. **Offenbarung** (INT Offenbarung)
In 12 Lektionen wird zusammengefasst, was es braucht, um die Wahrheit anzunehmen, wie sie ist. Unsere Ego-Welt in Frage zu stellen ist nur eine Frage der Bereitwilligkeit. Die drei Arten des Erwachens werden erläutert und abschließende Fragen geklärt.

Zeitfracht Medien GmbH
Ferdinand-Jühlke-Straße 7
99095 Erfurt, Deutschland
produktsicherheit@kolibri360.de